本书由 | 北京市社会科学基金项目（13JGC072）
北京市教委社科项目（SM201510017001） | 资助
北京现代产业新区发展研究基地

北京市产业结构优化研究

——服务业外商直接投资视阈

The Optimization of Beijing's Industrial Structure
—From the Perspective of SFDI

刘丽艳 ◎ 著

经济管理出版社

ECONOMY & MANAGEMENT PUBLISHING HOUSE

图书在版编目（CIP）数据

北京市产业结构优化研究——服务业外商直接投资视阈/ 刘丽艳著. —北京：经济管理出版社，2019.11

ISBN 978-7-5096-5380-7

Ⅰ.①北… Ⅱ.①刘… Ⅲ.①产业结构优化—研究—北京 ②服务业—外商直接投资—研究—北京 Ⅳ.①F269.271 ②F726.9

中国版本图书馆 CIP 数据核字（2019）第 236692 号

组稿编辑：魏晨红
责任编辑：魏晨红
责任印制：黄章平
责任校对：陈晓霞

出版发行：经济管理出版社
　　　　　（北京市海淀区北蜂窝 8 号中雅大夏 A 座 11 层 100038）
网　　　址：www. E-mp. com. cn
电　　　话：（010）51915602
印　　　刷：北京市海淀区唐家岭福利印刷厂
经　　　销：新华书店
开　　　本：720mm×1000mm/16
印　　　张：12.25
字　　　数：201 千字
版　　　次：2019 年 11 月第 1 版　2019 年 11 月第 1 次印刷
书　　　号：ISBN 978-7-5096-5380-7
定　　　价：58.00 元

前　言

当前世界经济发展已步入"服务经济"时代，以高端服务业为引领的经济发展已成为当前服务经济发展的核心内容。其特点主要体现在服务业发展成为经济发展的主要驱动力、服务业就业成为就业创造的核心力量，高端服务业在新兴领域的加速发展、高端服务资源向核心大城市的加速集聚，以及服务业外商直接投资（SFDI）成为直接投资的主体。

自 2015 年中国服务业产值超过年 GDP 占比的一半以来，中国经济发展已经逐步进入了服务经济模式，基于服务业开放的服务经济发展已成为大城市经济发展的核心驱动力。北京市作为中国首个服务业试点对外开放城市和全国对外交流中心，是全国核心外资流入目的城市之一。北京市 2017 年实际利用外资 2432909 万美元，占中国实际利用外资总量的 18.57%，近 1/5。其中，服务业外商直接投资为 2320185 万美元，占北京市总 FDI 的 95.37%；第一产业占比 0.03%，第二产业占比 4.6%，北京市外商直接投资几乎全部集聚于服务业。同年，北京市服务业经济增长拉动作用达到 86.6%，服务业就业达到全市就业的 80.6%。① 北京市已发展成较为显著的服务经济驱动增长型城市，服务业外商直接投资也成为北京市产业结构优化、服务业结构升级的核心动力之一。

本书以北京市为例，基于服务业外商直接投资视阈，探讨服务业外商直接投资在大型城市产业结构优化、服务业结构升级、就业结构提升中的地位与作用，探索我国城市基于服务业外商直接投资的产业结构优化路径与高端

---

① 《北京统计年鉴》（2018）。

服务经济发展模式。

关于我国城市经济转型发展、产业结构优化升级的研究正处于蓬勃发展的过程中，本书基于服务业外商直接投资视阈，仅提供了一个并不完全的视角。本书在内容和编写形式上的不足之处，欢迎各位读者不吝赐教，以便在修订时改正。

目　录

第一章 导 论

第一节 问题的提出

作为经济发展水平与发展层次的一个重要表征，产业结构反映真实生产生活方式，劳动收入分配、工资水平是衡量城市发展水平和发展阶段的重要标志，也是城市集聚高端要素、实现高端发展的具体体现。产业结构的优化主要包括产业结构的高级化和产业结构的合理化，具体表征为产业发展重心由第一产业向第二、第三产业转移以及三次产业间的协调发展与资源的有效利用。产业结构优化既是经济发展的核心变量，也是经济发展的本质要求。[①] 产业结构优化的本质是一个经济增长对技术创新的吸收以及主导产业经济部门依次更替的过程。[②]

产业发展重心向第二、第三产业尤其是服务业的转移是产业结构优化的一个重要标志，服务业开放及服务经济发展成为当前全球经济发展的重要内容。近年来，全球经济发展呈现出显著的集聚化特征，即经济资源的大城市集聚，形成以超大城市为核心的城市群发展模式，其重要内容之一就是以服务业开放为驱动的产业结构优化和服务经济发展范式。纽约、伦敦、东京均在开放经济背景下，形成了以服务业为主导、以服务经济为驱动的城市经济发展模式，直接确立了其"国际金融中心""世界经济中心""世界创意之都"的国际地位。这些超大城市的国际竞争力和综合经济实力，也因其开放式服

[①] Chenery 等在 1989 年的《发展经济学手册》中对经济增长的描述中，强调了产业结构的作用。

[②] 产业结构变动包括两个方面：一是由于各产业技术进步速度、技术要求和技术吸收能力上的差异导致各产业增长速度的较大差异，进而引发产业结构发生变化；二是在不同发展阶段需要由不同的主导产业来推动国家的发展，主导产业更替直接影响到生产和消费等各个经济方面，这在根本上对一国产业结构造成巨大影响。

务业的发展而不断提升。基于服务业开放的服务经济发展已成为全球超大城市经济发展的核心驱动力。开放的服务业已经成为推动全球经济复苏与发展的主要力量，也是拉动国外直接投资的新动力。北京市作为中国首个服务业试点对外开放的超大城市以及中国对外交流中心，早已步入以服务业为主要驱动的服务经济时代。在吸引外资方面，2017 年北京市吸引外资 2432909 万美元，占中国吸引外资[①]的 18.57％，近 1/5。北京市服务业外商直接投资（SFDI）已成为北京市外商直接投资（FDI）的核心内容。北京市服务业 FDI 流入从 2006 年的 345267 万美元上升到 2017 年的 2320185 万美元，12 年间增长了 672％。SFDI 占比则从 2006 年的 75.85％增长至 2017 年的 95.37％。截至 2017 年，北京市第一产业 FDI 占比 0.03％，第二产业 FDI 占比 4.6％，北京市外商直接投资几乎全部集聚于服务业。服务业外商直接投资（SFDI）已成为北京市直接投资的绝对主体。如何基于 SFDI 优化北京市产业结构、转变经济发展模式，进而发挥北京市作为核心超大城市的服务经济辐射效应显得尤为重要。

第二节 国内外研究现状

目前，有关 SFDI 对东道国产业结构影响的研究通常采用不同的样本与实证检验方法，实证研究大多建立在新古典增长模型、内生增长模型和道格拉斯生产函数基础之上。SFDI 的进入作用于地区经济增长、产业结构、服务业发展及就业结构，但由于各地区经济发展程度、人力资源禀赋、基础设施等方面存在较大差异，SFDI 的进入对东道国产业结构、服务业发展及就业结构的影响呈现多面性的特征。

一、产业结构优化层面

国内外学术界对基于 SFDI 的产业结构优化研究主要是以国家或经济共同体为单位进行的宏观研究，其中对 SFDI 是否促进东道国产业结构调整，目前

[①] 2017 年中国实际利用外资 13103500 万美元。

尚未达成一致意见，对 SFDI 的东道国的产业结构效应研究，主要呈现出以下三方面的观点。

（一）正向积极作用

这一观点为当前文献中的主流观点。班加（2012）对 SFDI 的产业效应进行了实证研究，发现 SFDI 对东道国服务业发展具有积极影响，并促进了工业产出的增长和生产率的提高。付（2011）通过协整检验和格兰杰因果检验对外商直接投资进行了比较，并通过脉冲响应函数对外商直接投资的影响进行了分析。结果表明 SFDI 可以加速东道国产业优化，并通过资本积累、制度变迁和出口贸易使产业的发展和优化受益。

大部分基于中国数据的研究支持这一观点，陈明等（2016）基于 2005～2012 年中国省级面板数据的研究显示，SFDI 与产业结构升级之间具有较强的稳定性，SFDI 对产业结构升级具有促进作用，因而应注意发挥服务业开放对产业结构升级的促进作用；李晓钟（2014）基于全国数据的研究显示，外资进入有利于中国三产结构的优化和第二、第三产业的内部结构升级；杨俊龙等（2004）认为，国际直接投资在加工制造行业的集聚，对行业增长具有正向作用，而外资携带的先进技术、设备和管理经验促进了加工制造业的升级，进而影响产业结构；陈迅等（2006）基于国际直接投资与中国产业结构的研究显示，国际直接投资与产业结构变动之间存在长期稳定协整关系；方燕等（2010）使用 VEC 模型探讨三次产业国际直接投资利用与产值之间的关系，指出国际直接投资具有正向的产业效应。刘泽（2019）基于中国山东省的数据研究显示，外资对山东省产业结构优化具有显著的正向促进作用。

（二）负向抑制作用

Haskel 等（2002）认为，虽然 SFDI 促进了东道国资本存量和就业的增长，但对产业结构调整的作用相对有限。Tuan 等（2009）基于中国情况的研究显示，外资进入表面上似乎有利于产业结构改善，但实质上却抑制了全要素生产率的增长，对长期的产业结构化存在负作用；Hunya（2002）持同样观点，认为外资流入对传统产业结构的调整和升级并没有很大助益。部分中国数据的研究支持这一观点，刘丽艳（2011）的研究显示，外资对产业产出、就业等存在挤出效应；宋泓等（1998）从产业结构合理性的角度进行了研究，指出外资总体降低了工业结构，增强了产业结构偏差，造成工业产值下降。高峰（2002）同样基于产业结构合理性视角，指出外资在产业间的非均衡分布将导致产业出现结构性失衡。

（三）复杂多面性

这一观点认为，SFDI 对东道国产业结构的影响具有多面性，不仅是单纯的正向或负向。纳迪亚与梅里赫（2011）则应用动态面板数据进行检验，发现 SFDI 可能导致一个地区服务业的快速增长，但同时可能会损害该地区制造业，因此对产业结构的作用是复杂的。Zhou（2002）指出，外资的溢出效应对地区不同行业的发展具有正面效应，但外资流入产生的竞争也排斥了行业内其他企业的发展。

基于国内数据的部分研究也支持这一观点。郭克莎（2000）认为，外商直接投资对我国的三次产业结构以及产业内部结构都产生了不可忽视的影响，其中既有正面的影响，也有负面的影响。李德军等（2007）的研究显示，外资虽然整体上优化了三次产业结构，促进了制造业升级，进而促进产业升级转型，但同时也加剧了三次产业结构偏差，外资的技术外溢并没有对产业结构优化产生积极作用；吴进红等（2006）指出，外资对产业结构调整的同时存在正面和负面效应。正面效应主要是资本存量和增量的增长、技术外溢和生产效率的提升，负面效应主要是由于外资投资区域集聚形成的产业结构非均衡发展和非均衡分布加大产业结构偏差，同时外资的技术溢出在行业间存在阻断等问题；张平等（2010）持类似观点，认为外资对武汉地区产业结构的调整具有双重性，具有正向技术溢出效应的同时也导致产业结构失衡、技术进步延缓等问题。

二、服务业发展及服务业结构优化层面

国内外学术界对基于 SFDI 的服务业发展及服务业结构优化的研究主要是以国家或区域为单位进行的宏观研究，SFDI 对东道国服务业增长及服务业结

构优化的研究，主要呈现出以下四方面的观点。

（一）正向促进作用

早期研究 SFDI 对发展中国家影响的学者戈德史密斯（1969）指出，一国经济增长状况和本国服务业的开放程度与发展水平是正相关的。帕纳约蒂斯（2015）用面板数据来分析外商直接投资和产值增长之间的关系，实证表明，FDI 存量与服务经济增长之间存在积极的长期协整关系；赵（2013）从规模和结构等方面探讨了 SFDI 对服务业结构的影响，其研究表明，应该建立更好的投资环境以吸引更多的第三产业流入，带来积极的外资溢出，实现结构升级；尚迪与刘丽艳（2019）的研究指出，SFDI 的流入会促进服务业产值增长，进而促进服务业结构升级及服务业发展；Zhong（2009）指出，SFDI 对服务业各行业增长具有显著的正向溢出作用。

国内文献中 SFDI 的正向作用的观点占据主流地位。戴枫（2005）基于中国 20 年的时间序列数据分析显示，SFDI 与中国服务业发展具有长期协整关系，SFDI 是服务业发展的重要驱动力之一。钟晓君（2009）基于中国数据的面板协整检验表明，SFDI 对中国服务业整体产值增长具有显著正向作用，对不同服务行业细分的作用则存在较大差异。姜建平等（2007）的研究指出，SFDI 对中国服务业增长具有显著的正相关关系；崔日明等（2012）指出 SF-DI 通过资本效应、技术溢出效应、竞争与示范效应和收入效应影响服务业结构，促进了服务业结构的优化升级。赵书华等（2006）通过对服务业跨国公司在华投资经济效应进行研究，指出服务业跨国公司的直接投资对我国服务业的内部结构具有显著影响，应构建外部环境更好地承接服务业国际转移，促进服务业发展。

（二）负向或不显著

Cassette 等（2012）的研究发现，SFDI 对东道国高收入与低收入、高收入与中等收入群体收入差距的扩大有显著的正向影响，进而抑制产业结构升级；Dolly（2015）基于印度数据，对 SFDI 与国内投资的关系进行了检验，发现印度的 SFDI 挤压了印度国内投资，阻碍了国内服务业发展和产业结构转型；部分基于国内数据的研究持类似观点，仲伟周等（2018）从全要素生产率角度探讨了 SFDI 对中国服务业产值的影响效应，基于 2004～2015 年的服务业面板数据研究显示，SFDI 对服务业产值增长具有显著的抑制效应，同时对服务业增长方式转变具有抑制效应；王小平（2005）基于中国数据的实证分析指出，中国 SFDI 与服务业产值、服务业就业和服务贸易等方面的相关性较弱，对服务业发展及结构优化并未显示出显著作用。

（三）复杂多层面作用

Carmen（2011）应用门限模型研究则发现，只有在一国服务业发展超过一定规模时，SFDI 才会对东道国产业结构产生正面促进作用；狄塞尔（2008）基于 28 个发展中国家数据的协整检验显示，外资对一国产值增长的作用是多面的，不存在单一的正向影响。国内一些研究支持这类观点。姚战琪（2012）从我国服务业外商直接投资与服务业增加值、国内生产总值作为一个系统中相互决定和相互依存的内生变量角度构造动态模型，得出服务业外商直接投资与 GDP 不存在双向的因果关系的结论。王新华（2007）用固定效应模型对 1997～2003 年服务业各行业的相关数据进行了短期效应和长期效应分析，认为从短期角度来讲对产业结构的变化具有负效应，而从长期角度来讲具有正向溢出效应。

（四）溢出效应

国外文献对溢出效应的具体影响方向意见不一，Fernandes（2008，2012）基于智利的数据检验显示，SFDI 一方面可以通过资本溢出效应和技术溢出效应来促进本土服务业效率的提升和生产技术的改善，进而促进本土服务业的发展和服务业结构的升级；另一方面通过产业关联效应对本土制造业全要素生产率的提升起到正向促进作用。Fixler 等（2012）对 SFDI 与服务业发展的实证检验得出，SFDI 对东道国的技术溢出效应并不显著，具体效应受诸多因素影响。Huther（2013）研究指出，SFDI 与制造业外资不同，它在一定程度上可能会替代其他服务要素的跨国流动，从而限制服务贸易发展及本土服务业发展。

国内文献对具体溢出效应的研究同样持不同意见。徐宏毅等（2012）基于元回归对 SFDI 的中国生产率的溢出效应的研究指出，SFDI 在中国有着较高的生产率溢出效应，因此对服务业发展及服务业内部结构升级有较强的推动作用；何枫等（2010）基于制造业 FDI 溢出效应的测度原理，基于中国省际数据对中国 SFDI 的产业内溢出机制与溢出效应进行检验，发现 SFDI 对技术效率的影响呈显著倒 U 形曲线，因此，SFDI 对服务业发展和结构升级的作用呈现出复杂性；庄惠明（2015）基于中国东部、中部和西部数据对 SFDI 的溢出效应进行检验，发现 SFDI 具有显著的溢出效应，但溢出效应呈现出较明显的地区差异，同时 SFDI 具有非线性的竞争排斥效应，因此 SFDI 超过一定规模后将不再是正向溢出。

三、产业就业层面

当前关于 FDI 与东道国就业结构的研究主要集中于 FDI 的总体就业需求、区域就业结构、产业就业结构和就业技能结构四方面。

（一）总体就业需求层面

国际上对总体需求的研究显示，FDI 总体就业需求具有显著效应，但作用方向意见不一。Francisco 等（2013）基于西班牙公司层面的研究指出，FDI 并不具备显著就业增长效应，并对本土公司的创新活动呈现负面影响效应。Bibua（2014）基于公司层面的研究指出 FDI 并不具备显著就业增长效应，当 FDI 以并购方式进入时还对就业有着较为显著的负面作用。而科科等（2000）对中欧国家和发展中国家的研究则持相反观点，认为 FDI 在就业创造层面具有显著促进作用。Lipsey 等（2001）对发展中国家的研究也表明 FDI 扩大了东道国熟练劳动力的需求，提高了东道国平均工资水平。而恩斯特（2005）对英国的研究和大卫（2003）对拉美国家的研究则持第三种观点，认为由于 FDI 受进入方式等因素影响，其整体就业效应并不确定。

基于中国数据的总体需求研究，同样呈现出不同结论。FDI 存在显著就业效应，但效应正负意见不一。温怀德（2010）研究指出 FDI 对中国就业总体上具有正效应，并对中国劳动力市场发育和人力资本积累有积极作用。杨扬、余壮雄、王美今（2009），郑月明和王伟（2010）则持相反观点，认为总体来说 FDI 对中国就业水平效应为负，对工资水平不存在长期影响。而郑畅（2012）认为，由于 FDI 直接、间接就业效应符号相反，因此较难确定总体效应大小。牟俊霖（2007）和王剑等（2005）对不同时期 FDI 就业效应的研究，得出初期 FDI 就业创造效应显著大于后期的结论。

（二）区域就业结构层面

国际上关于 FDI 对区域就业结构的影响研究显示，FDI 对区域就业结构有显著影响，但影响正负观点不同。乔迪等（2014）通过对 161 个国家和地区的数据进行分析，指出 FDI 流入促进了不发达国家和地区劳动力的区域流动，改变了东道国区域就业结构，但改变方向尚不明确。Polo 等（2011）基于 100 多个国家的面板数据研究显示，FDI 对发展中国家及发达国家的就业与经济发展呈现出不同特征，对发展中国家的就业及工资不平等作用显著为正，对发达国家则呈现相反方向的作用。而付（2005）对中国和其他发展中国家及转型国家的研究则持相反观点，认为 FDI 无论在地区层面还是在产业层面都显著促进了就业的增长。

基于国内数据的地区就业结构层面的研究显示，研究结论因区域不同而存在较大差异，具体效应意见不一。丁翠翠和郭庆然（2014）指出，FDI 对就业影响的区域差异显著，整体上具有显著的挤出效应，依靠 FDI 很难缓解国内就业压力。而蔡昉和王德文（2004）则持相反观点，认为 FDI 总体上对增加就业、促进劳动力市场发育和人力资本积累具有积极作用。郑月明和董登新（2008）、朱金生（2005）同样认为，显著地区差异性使得 FDI 就业总体效应不确定，这种地区差异性与 FDI 的区域偏向和选择有较大关联。

（三）产业就业结构层面

国际上关于 FDI 对产业就业结构的研究显示，FDI 对产业就业结构具有较强溢出作用，但作用方向意见不一。第一种观点认为 FDI 对国内产出增长和资本积累发挥了重要作用，直接推动了中国高新产业增长（Rodrik，2006），对本地企业存在较强的溢出作用（Greenstone 等，2010）。但威廉

（2013）对发展中国家与发达国家就业市场的研究则持相反观点，认为 FDI 的流入对市场健全程度低的东道国劳动力市场规模与产业就业结构具有负面影响，同时由于 FDI 促进了制造业劳动生产效率的提高而对发达国家制造业就业产生显著负面影响。而 Fred 等（2006）则认为，服务业 FDI 对东道国就业结构的影响呈现出较为复杂的补充效应和替代效应，只有一小部分服务行业的就业呈现出正向溢出效应。

基于国内数据的产业就业结构的研究显示，FDI 与产业就业结构显著相关，但相关程度及相关符号意见不一。刘辉群和卢进勇（2009）、张二震和任志成（2005）、俞会新和薛敬孝（2002）认为，FDI 无论在地区层面还是在产业层面总体上都显著促进了就业结构和劳动力素质的优化。毛日昇（2009）认为，FDI 通过产出扩张、生产效率及渗透率对制造业就业结构产生显著影响，影响大小因要素密集程度、所有制结构而异。唐东波（2011）指出，FDI 的流入有助于改善国内就业结构，并增加中国高技能工人就业比例。而吴静芳（2012）对 FDI 结构与就业结构相互关系的研究则指出两者相关系数的正负因产业而异。王燕飞和曾国平（2006）、田素华（2004）和黄华民（2000）也认为，不同产业 FDI 的就业效应不同，对就业结构的作用也不同。

（四）就业技能结构层面

FDI 影响东道国劳动力技能水平，但影响正负意见不一。一种观点是孟与邹等（2013）基于公司层面的研究，指出 FDI 流入对在华外企低技能工人的就业规模和工资水平具有负面影响，FDI 的流入也未提升中国就业结构与工人技能水平；另一种观点是 FDI 对高技能劳动力有较强的溢出效应（Feenstra 和 Hanson，1997）。同样，南凯姆等（2007）、彼得（2007）、芬斯特拉和汉森（1997）考察了 FDI 对墨西哥蓝领和白领工人就业的影响，也认为 FDI 对白领和蓝领就业具有显著正效应，促进了墨西哥劳动力技能提升与工资的增加。

当前，国内外学术界对 SFDI 与产业结构优化的相关研究呈现出如下特征：

（1）从研究层面来看，已有 SFDI 与产业结构优化的相关研究主要是基于国家或省际面板数据进行的宏观研究，或将某个产业作为整体进行的宏观均衡研究。

（2）从研究内容来看，主要涉及的研究领域为 SFDI 的总体产值效应、服务业产值效应、总体产业结构、地区就业结构，属于传统产业结构研究范畴。

（3）从研究结论来看，由于地区、数据以及模型变量选取的差异，目前尚未得到对 SFDI 就业结构效应的一致性结论，因此结论的具体地区适用性尚待考察。

本书以北京市为核心，基于北京市城市、区县各级数据，从北京市产业结构优化、服务业结构升级和就业结构优化三个层面探讨基于 SFDI 的北京市产业结构优化问题：①产业结构优化层面，从三次产业的高级化与合理化、知识溢出与空间分布角度探讨 SFDI 对北京市产业结构优化的影响效应。②服务业结构升级层面，从 SFDI 的服务业增长及行业结构分布方面来研究 SFDI 对北京市服务业发展及服务业结构的影响。③就业结构优化层面，从北京市就业的行业结构、空间结构、素质结构三个方面构建耦合协调模型，探讨外资与就业结构的耦合协调发展，并从就业的空间分布与行业分布视角进一步探讨 SFDI 对就业的影响效应。

第三节　研究思路与方法

一、研究思路

本书的研究思路如图 1—1 所示。

二、研究方法

从研究思路上来看，本书可分为实证研究与规范研究两部分、宏观研究与微观研究两层面，研究方法主要包括：

（1）理论分析法。本书构建世界市场上的两国家、两部门开放经济模型，探讨 FDI 与就业、产出、平均工资、技术水平、国内投资等影响因素之间在静态均衡与动态均衡下的互动关系，并进行理论分析与识别。

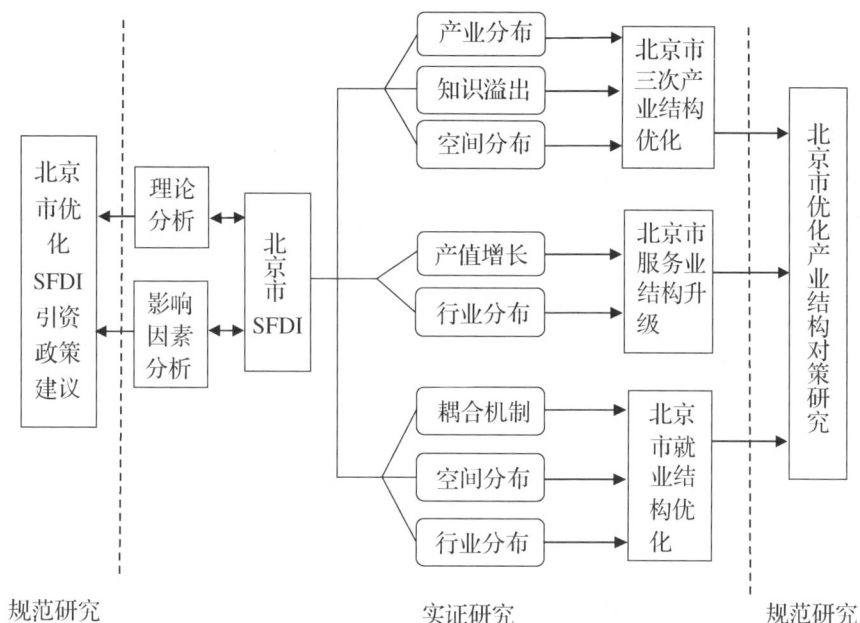

图 1-1 研究思路

（2）数量研究法。本书的实证研究部分，包括基于产值产业分布、知识溢出和空间分布视角的北京市产业结构优化，以及基于服务业增长、服务业行业分布的北京市服务业结构升级中，产业结构高级化合理化估计中的半对数模型、交互项及滞后项 IV 模型，以及面板固定效应模型和随机效应模型、虚拟变量模型（LSDV）、广义最小二乘法（FGLS）、Hausman 检验等；北京市 FDI 就业行业结构、空间结构和素质结构作用探讨中的固定效应模型、随机效应模型、双系统耦合模型；耦合机制探讨中的双系统耦合模型、调整后的耦合协调度函数，熵值法等。本书使用的计量经济学软件主要为 Stata15 和 Matlab2017b。

（3）经验总结法。本书针对政策建议的规范研究部分和北京市 SFDI 利用特征及产业结构演变的统计性描述部分，对数量研究及调查结果进行规范性分析，将其上升为经验性知识，进而提出基于 SFDI 的北京市优化产业结构的政策建议。

三、研究局限与未来待深入方面

（1）产业结构的行业分布研究中和就业结构的耦合机制研究中，从业人员素质变量没有应用北京市具体各行业从业人员的个人素质信息，而是采用代理变量方法，以行业平均工资、科研人员数量和年专利获批量来代理就业素质变量。受限于数据的可获得性，从官方及相关机构未能获得从业人员具体的个人素质信息，如从业人员学历、技术职称等微观信息，未能对各行业从业人员具体素质信息进行建模分析，缺少微观层面的具体内容，这是本书的一个局限，也是未来待深入的一个方面。

（2）对 SFDI 空间分布的探讨，包括统计性描述及模型分析，主要基于北京市实际利用 FDI 的区县级数据。原因是官方与机构的统计数据中，均缺失 SFDI 的细分统计，由于北京市 SFDI 占 FDI 的比率超过 90%，两者差异不大，因而研究中空间分布的探讨是基于北京市各区 FDI 数据的，这是本书的一个欠缺。

（3）本书的计量模型主要是基于 12 年左右数据长度，长时间序列面板数据的动态变迁分析不足，原因是北京市区级的具体数据和北京市 SFDI 分行业的具体数据从 2006 年才开始统计，所有官方数据和权威机构数据中，对 2006 年之前北京市各区（十六个区）及具体行业细分 SFDI 数据均未做相关统计。动态变迁分析是未来研究中需要深入的一个方面。

第二章　北京市 SFDI 与产业结构变迁

北京市作为中国首个服务业试点对外开放的超大城市，以及中国对外交流中心，是重要的外资流入城市，同时北京市占地面积，16412 平方千米，人口 2170.7 万人，市场规模大。行政区域划分上，北京市包含十六个区，其中六个城区和十个远郊区，各区的经济发展模式、产业结构、行业发展、自然禀赋、基础设施等情况差异较大，同时对外开放程度较高。作为超大开放城市，SFDI 已成为北京市经济发展的重要驱动力之一。本章探讨北京市实际利用 SFDI 呈现出的特征，并从产业分布、行业分布和空间分布三个层面来分析北京市以产值、就业、工资水平为表征的产业结构演变过程。

第一节　北京市利用 SFDI 特征

作为我国的政治中心、文化中心、对外交流中心和科技创新中心，北京市在大力发展高端服务业、积极促进总部经济发展的同时，吸引了大量跨国公司的服务业直接投资。北京市实际利用 SFDI 在多个层面呈现出较显著的特征。

一、北京市实际利用 SFDI 的政策阶段性特征

北京市实际利用 SFDI 受政策影响较为显著，具有较独特的政策阶段性特征。这在北京市利用 SFDI 的产业分布中表现得尤为明显。截至 2017 年底，北京市 SFDI 占比总 FDI 达到 95.37%，占绝对主导地位。北京市实际利用 SFDI 的发展阶段，在一定程度上也是北京市 SFDI 逐渐占据主导地位的过程阶段。

党的十一届三中全会时期，我国就明确了对于引进外资的政策，即在开放中不断放松对外资的管理限制，同时逐步取消针对外资企业的市场准入壁垒。在党的十一届三中全会上，国家首次调整了对外开放的基本政策，并开始逐渐认识到 FDI 对于国家经济发展的重要性，因此为了能积极、广泛地吸引发达国家外资的注入，中国政府制定和实施了一系列重大招商引资策略，但当时只注重引资的规模和数量，并未对流入外资加以合理引导，这也导致了早期北京市吸引 FDI 主要集中于工业制造业领域，而以服务业为主体的第三产业则由于政策导向和开放环境限制，流入的外资较少。

第一阶段，初步探索阶段（1978～1989 年）。这段时期由于国内政治经济秩序刚恢复稳定，经济发展水平尚处于恢复发展阶段，此时以重工业产业为核心，北京市致力于发展"大工业"，因此在对外开放过程中，第二产业被放在了优先位置，服务业引资处于初步探索阶段。一是当时的服务业很难形成有形的产品实体，关于服务业对北京市地区经济发展的贡献及服务业软环境构建均未受到应有的重视；二是部分金融信息等领域由于涉及国计民生，在引入外资方面北京市政府多从战略层次对以上相关领域实行较为严格的审查、管理，削弱了外资在以上领域的流入。除重点工业领域外，服务业诸多行业在引入外资方面均受到一定限制。

第二阶段，战略转型阶段（1990～1999 年）。随着对外贸易的增长和开放的深入，国内逐渐形成了具有规划的、较为完备的政策参照体系，特别是1992 年邓小平同志"南方谈话"后，国内投资自由化步伐显著加快，对 FDI 的限制和准入壁垒不断减弱。20 世纪 90 年代中后期，国内步入"入世"前的重要准备阶段，对外开放程度进一步增强，法律规范方面开始关注 SFDI，金融领域、会计咨询领域、商贸高端核心服务行业领域，开始准备逐步对外资开放，逐渐放松对非核心服务业的管控，无论在服务业外资准入门槛还是在外资投入层次上均有了进一步的开放。同时，北京市"大工业"战略此时也开始带来经济结构不合理、资源消耗过度、生态环境恶化等一系列问题，进而北京市开始对产业结构进行调整，开始致力于发展服务业，并提出"三二一"产业结构的发展战略，促使外商直接投资从工业转移流向服务业。1994年，北京市服务业生产总值首次超过制造业，随着服务业主导地位的设立，

1999 年北京市 SFDI 首次超过第二产业，并在其后的发展中持续增长。

第三阶段，跨越阶段（2000～2007 年）。从 2001 年中国加入世界贸易组织以后，服务业对外开放步伐不断加速，开放的广度和深度逐年递增。服务业进行多层次、宽领域的对外开放，首先就要拓宽和利用外资渠道，其次扩大利用外资的范围，最后提高利用外资的质量。中国加入世界贸易组织以后，已经把国内的义务变成了国际多边义务，已经把国内责任变成了国际多边责任，已经把国内市场的改革开放时间表变成了国际的时间表，也就是开放服务贸易。

自 2001 年起，北京市依照中国加入世界贸易组织的相关承诺，对于外资流入领域在资本数量、营运范围以及持股比例等限制上，均做出了更加宽松的规定，因此这一阶段，北京市对外资的开放领域进一步扩大，北京市开放了绝大多数部门，特别是服务业领域。此期间，金融、信息、商务服务业、批发零售业、餐饮及住宿业发展迅速。2007 年，北京市服务业经济贡献率达 74.9%，远超工业的 24.9%；对北京市地区生产总值增长的拉动达到 75.17%，远超工业的 24.83%；此期间，服务业增加值年均增速达到 12.9%，高于同期北京市地区年均生产总值 0.8 个百分点[①]。北京市高端服务业在此期间得到初步发展，2007 年，北京市金融业，信息传输、软件和信息技术服务业，商务服务业，科学研究和技术服务业等高科技型服务业占北京市现代服务业比重超过 80%。

第四阶段，创新探索阶段（2008～2014 年）。随着《外商投资产业指导目录》的正式生效，北京市包括服务业在内，基本上所有相关开放领域在这个《外商投资产业指导目录》中均开始兑现承诺，逐步走向全球化开放。物流领域逐步增加了物流运输、服务外包等内容，货运租赁、代理；金融领域开始鼓励银行、财团、金融租赁企业和信托公司引进外资进行竞争；保险证券领域，对于保险公司在外资控股不超过 50% 的前提下实现了对外开放，证券公司在国家占比不少于 2/3 的前提下也实现了对外资的开放；核心行业中加了电力发展、期货等行业的对外开放。并将对外开放和统筹国内发展结合起来，引资重心由数量转向结构，根据产业结构调整与升级来规划引资。但对民生

---

① 根据《北京统计年鉴》（2018）数据计算得到。

和谐等国家战略性和居民敏感性部门依旧持较为谨慎的态度，以实现行业均衡发展。此期间，北京市致力于发展服务经济、总部经济及世界城市的建设，大力发展服务业，并有意识地对外资流入进行引导与规范，使得 FDI 在服务业中占比得到大幅提高，同时引资更加倾向于高端化、服务化、集聚化、融合化和低碳化，引导外资服务于北京市的产业结构优化与服务业升级。北京市服务业实际利用外资总额持续增长，外商直接投资对北京市服务业的发展做出了一定的贡献。北京市服务业 FDI 引入绝对数量持续上升，占比不断提高，实现了服务业 FDI 外资流入绝对数量与占比两者同时稳步快速增长。

第五阶段，创新开放阶段（2015 年至今）。北京市服务业对外开放步入扩大开放阶段。2015 年 5 月，国务院批复《北京市服务业扩大开放综合试点总体方案》，北京市成为国内首个开展服务业扩大开放综合试点的城市，北京市服务业对外开放进入新阶段。此期间，北京市进一步完善投资布局，扩大开放领域，放宽准入限制，积极有效引进境外资金和先进技术。有序扩大服务业对外开放，扩大银行、保险、证券、养老等市场准入。同时，加快发展现代服务业行动，致力于构建"高精尖"经济结构。2018 年新版的《外商投资准入特别管理措施》（负面清单）发布，《深化服务贸易创新发展试点总体方案》获得批准，进一步放宽了对金融等服务业领域外资企业经营限制，并进一步放宽了服务贸易领域的深化创新，对外开放及国际化程度进一步加强。北京市服务业逐步放宽准入限制，不断完善服务业发展体制，提升高端服务业和服务贸易发展水平，进一步改进监管体制和监管模式，优化市场环境，不断优化服务业内部结构，向高端化、集聚化、国际化方向迈进。

2017 年，北京市服务业增加值为 22567.8 亿元，占 GDP 的比重为80.6%，比 2016 年增长了 0.4%；对经济增长的贡献率为 86.7%，比 2016 年提高了 4.3 个百分点。由此，服务业成为推动首都经济增长的主动力，也表现出北京的服务业发展已经趋于成熟。北京市高科技含量的高端服务业产值高速增长。高新科技服务行业发展迅速，科技创新和文化创新成果显著，科技、文化成为引领服务业结构升级的核心要素。2017 年，高技术服务业增加值占地区生产总值的比重达到 19.3%；文化及相关产业增加值占地区生产总值的比重超过 9%。2017 年，北京市新增服务业企业 17.2 万家，平均每天新增 471 家，占全部新登记注册企业总数的比重达到 94.5%。其中，信息传输、软件和信息技术服务业、科学研究和技术服务业合计日均新增企业 192 家，占第三产业新登记注册企业数量的 40.7%，高于 2016 年 3.5 个百分点。2017 年，北京市信息服务业、金融业、科技服务业分别实现增加值 3229.0 亿元、4655.4 亿元、2859.2 亿元。①

在此期间，北京市服务业实际利用外资的总量大幅攀升，同时北京市服务业外商直接投资行业结构分布上开始转向，高技术含量的高端服务行业外资迅速聚集，一般服务行业外资大量转出。从总量上来看，2017 年，北京市服务业试点开放的第三年，服务业实际利用外资额达到 2320185 万美元，占当年北京市总外资利用额的 95.4%，为试点前 2014 年的 2.93 倍。扩大开放综合试点的 2014～2017 年，北京市服务业利用外资实现了年均 43% 的大幅增长。截至 2018 年底，全球 165 个国家和地区在北京设立了超过 4.3 万家外商投资企业，累计实际利用外资超过 1550 亿美元。② 从行业分布来看，外资由一般服务业迅速向科技含量高的高端服务业聚集，其中北京市信息传输、计算机服务和软件业，2014～2017 年试点开放三年间，实际利用外资额由 115292 万美元上升至 1317877 万美元，占 2017 年北京市实际利用外资额的 56.80%。与之形成较大反差的是租赁与商务服务业，2014 年北京市租赁与商务服务业实际利用外资额 339759 万美元，占当年北京市服务业实际利用外资额的 42.85%，试点开放后，外资大量流出，2017 年实际利用外资额降为 229595 万美元，服务业占比大幅降至 9.9%③。试点开放后，北京市服务业外资快速聚集至科技含量较高的高端服务业，大幅改变了北京市服务业利用外资的结构与格局。

2019 年 2 月，发布了《国务院关于全面推进北京市服务业扩大开放综合试点工作方案的批复》，作为全面扩大开放的重点行业，北京市租赁和商务服务业，信息传输、软件和信息技术服务业，金融业，科学研究和技术服务业，卫生和社会工作，文化、体育和娱乐业将进一步对外资开放，同时，关于服务业高质量发展的相关国家标准方面，国家发展和改革委员会等相关部门正

---

①③　《北京统计年鉴》(2018)。
②　普华永道会计师事务所：《2019 北京外商投资发展报告》，2019 年 6 月。

在酝酿制定服务业高质量发展战略等顶层设计方案，致力于建立服务业高质量发展标准体系，进而从政策机制方面鼓励服务企业做大做强。无论是国家层面还是北京市市级层面，都将从服务业发展、对外开放、政策环境支撑三个方面开拓全新的服务业引资新格局，以开放促发展，改变经济增长模式，开始北京市 SFDI 深入开放的新阶段。

二、北京市 SFDI 在三次产业间的绝对主导范式

北京市 FDI 呈现出显著的"服务业化"趋势，形成了以 SFDI 为绝对主导的产业分布范式。从 FDI 的产业分布来看，北京市外资历经了"二三一"到"三二一"的范式转换。总体来说，1987～1999 年，北京市 FDI 的分布一直以第二产业为主导，分布结构上呈现出第二产业高于第三产业的"二三一"分布范式。随着北京市对外开放的深入，当前北京市 FDI 在三次产业间的分布形成以第三产业为主、第二产业为辅、第一产业为补充的"三二一"分布范式。截至 2017 年底，北京市服务业利用外资已达 2320185 万美元，远超第二产业的 111886 万美元和第一产业的 838 万美元，占北京市总体利用外资的 95.37%，北京市 SFDI 处于绝对主导地位，绝大多数外商直接投资都流向了服务业（见表 2—1）。可见，北京市的外商直接投资已形成以服务业为绝对主导的服务业外商直接投资范式。

表 2—1　2006～2015 年北京市外商直接投资在三次产业之间的分布

单位：万美元,%

年份	实际利用外商直接投资额	第一产业金额	占比	第二产业金额	占比	第三产业金额	占比
2006	455191	544	0.12	109380	24.03	345267	75.85
2007	506572	4774	0.94	93391	18.44	408407	80.62
2008	608172	2032	0.33	162515	26.72	443625	72.94
2009	612094	3833	0.63	88536	14.46	519725	84.91
2010	636358	1246	0.20	71899	11.30	563213	88.51
2011	705447	214	0.03	80798	11.45	624435	88.52
2012	804160	733	0.09	112326	13.97	691101	85.94
2013	852418	1717	0.20	149687	17.56	701014	82.24

续表

年份	实际利用外商直接投资额	第一产业金额	占比	第二产业金额	占比	第三产业金额	占比
2014	904085	13947	1.54	97254	10.76	792884	87.70
2015	1299635	7620	0.59	59528	4.58	1232487	94.83

资料来源：根据 2007～2016 年《北京统计年鉴》数据计算整理获得。

服务业 FDI 在北京市 FDI 的总体结构占比情况与流入金额情况基本一致，呈现出波动性上升趋势。其中，2008 年出现一个较低点，主要是由于当时金融危机以及世界经济的缓慢发展；2013 年由于北京市制造业与建筑业吸引外资较多，占比 17.56%，挤占部分服务业 FDI。北京市服务业 FDI 在 FDI 整体格局中的比重自 1999 年以后就一直超越第二产业 FDI 投资额。

北京市第二产业实际利用 FDI 在 2008 年、2013 年、2015 年出现上升的情况，这几年正是服务业利用 FDI 份额下降时（见表 2-1），两者在一定程度上出现了互相挤占的关系。FDI 流入第二产业在一定程度上促进了北京市第二产业特别是制造产业的发展，但同时也在一定程度上制约了服务业的快速发展。此外，北京市第一产业 FDI 流入额及其占比长期以来一直处于低位，除 2014 年外，第一产业 FDI 占比一直处于 1% 以下。

可见，北京市外商直接投资呈现出十分显著的服务业化趋势，服务业外商直接投资已成为北京市外商直接投资的绝对主导。

三、北京市 SFDI 服务业分布非均衡性

北京市实际利用服务业 FDI 在服务业内部的行业分布上呈现出一定特点，主要表现为投资行业特点进一步扩展、年度投资额也日益增多，但各个行业分布不均衡、波动幅度大，表 2-2 为北京市 SFDI 在服务业主要行业分布情况。从历年流入量来看，北京市租赁和商务服务业吸引 SFDI 较为亮眼，在行业 SFDI 年流入额与占比方面均表现突出，2014 年流入金额占比达 42.85%（见表 2-3）；其次是房地产业，2014 年所占份额达到了第三产业 FDI 流入总额的 17.26%；排在第三位的是信息传输、计算机服务和软件业，2014 年占比 14.54%，剩余批发与零售业以及住宿和餐饮业合计所占份额只有第三产业

FDI 总额的 7.17%。因此，从第三产业 FDI 流入行业总的格局看，当前北京市服务业 FDI 发展较不均衡。除批发与零售业外，2017 年信息传输、计算机服务和软件业在吸引 SFDI 的金额及比重上大幅上升；批发与零售业实际利用 SFDI 大幅下降，体现出 SFDI 从一般服务行业到高科技服务行业的流转。

表 2-2　2006～2017 年北京市 SFDI 在服务业主要行业分布情况

单位：万美元

年份	第三产业实际利用外资总额	信息传输、计算机服务和软件业	批发与零售业	住宿和餐饮业	房地产业	租赁和商务服务业	其他服务业
2006	345267	44341	24378	1882	72242	174342	28082
2007	408407	78470	33318	5824	119476	92896	78423
2008	443625	105396	34677	3357	78787	132541	88867
2009	519725	94752	55411	8427	79682	225888	55565
2010	563213	95453	66032	3525	141728	175580	80895
2011	624435	109246	115437	1705	112539	190363	95145
2012	691101	135121	74311	2877	87739	161595	229458
2013	701014	119547	92739	1822	148057	171079	167770
2014	792884	115292	54792	2047	136822	339759	144172
2015	1232487	48611	242167	549	27541	71199	842420
2016	1232289	113490	584292	3010	66160	120407	349277
2017	2320185	1317877	182005	3161	206915	229595	380632

资料来源：根据 2007～2018 年《北京统计年鉴》及 2019 年北京市统计局分批信息发布数据计算整理获得。

表 2-3　2006～2017 年北京市 SFDI 在服务业主要行业占比情况

单位：%

年份	信息传输、计算机服务和软件业	批发与零售业	住宿和餐饮业	房地产业	租赁和商务服务业	其他服务业
2006	12.84	7.06	0.55	20.92	50.49	8.13

年份	信息传输、计算机服务和软件业	批发与零售业	住宿和餐饮业	房地产业	租赁和商务服务业	其他服务业
2007	19.21	8.16	1.43	29.25	22.75	19.20
2008	23.76	7.82	0.76	17.76	29.88	20.03
2009	18.23	10.66	1.62	15.33	43.46	10.69
2010	16.95	11.72	0.63	25.16	31.17	14.36
2011	17.50	18.49	0.27	18.02	30.49	15.24
2012	19.55	10.75	0.42	12.70	23.38	33.20
2013	17.05	13.23	0.26	21.12	24.40	23.93
2014	14.54	6.91	0.26	17.26	42.85	18.18
2015	3.94	19.65	0.04	2.23	5.78	68.35
2016	9.21	47.42	0.24	5.37	9.77	28.34
2017	56.80	7.84	0.14	8.92	9.90	16.41

资料来源：根据 2007～2018 年《北京统计年鉴》及 2016 年北京市统计局分批信息发布数据计算整理获得。

其他服务业①年度流入额的大幅攀升成为近年来北京市 SFDI 行业分布的一个突出特征。自 2012 年的年度流入金额及占比双双超过租赁和商务服务业后，其他服务业成为北京市吸引 SFDI 的主要力量。2015 年，其他服务业 SFDI 流入额约为 2006 年的 30 倍，占全北京市服务业 SFDI 的总量达 68.35%（见表 2—3）。2015 年，国务院批复了《北京市服务业扩大开放综合试点总体方案》，将北京市作为中国第一个"服务业扩大开放综合试点城市"。北京市按照试点方案设计，率先推动六大领域扩大开放，包括科学技术服务、互联网和信息服务、文化教育服务、金融服务、商务和旅游服务以及健康医疗服务。其中，科学技术服务、文化教育服务和金融服务的 SFDI 流入，按照北京

---

① 北京市统计局统计的其他服务业涵盖了金融和保险服务，专业和科技服务，行政和支助服务，公共行政和国防，强制性社会保障，教育，卫生和社会工作服务活动，艺术、体育和娱乐活动，家庭作为雇主的活动，家庭自用、未加区分的生产货物及服务的活动，以及境外组织和机构服务活动。

市传统服务业外资统计方式都记入了其他服务业中。

北京市租赁和商务服务业吸引 SFDI 波动幅度较大（见表 2－3），从历年租赁和商务服务业占比情况来看，2006 年、2009 年及 2014 年占比较高，分别达到了 50.49％、43.46％和 42.85％，2007 年与 2012 年占比较低，2015 年达到最低点，在吸引 SFDI 流入金额及行业占比两方面均达到近十年最低。2015 年，租赁和商务服务业吸引 SFDI 金额仅为 2014 年的 20.13％，同年行业占比则降至 5.78％。2016～2017 年稍有回升。北京市近两年网上购物的快速发展与完善挤占商场消费，导致多家大型商场及购物中心衰退与倒闭，如中关村海龙大厦。北京市商务服务业 SFDI 流入虽然历年占比较高，但与发达国家同类城市相比仍旧是相对较少，同时由于波动性较强，稳定性较差，仍有较大发展空间。作为全国政治、文化、对外交流与科技创新中心，发达的商务服务业是北京市发展高端服务经济的重要环境保证，也是北京市产业结构进一步优化、服务业进一步升级的基础。此外，SFDI 对行业敏感度较高，2015 年北京市租赁和商务服务业 SFDI 的骤减也预示着北京市租赁和商务服务业优化、升级发展的紧迫性。

北京市房地产业 SFDI 同样波动较大，就北京市房地产业吸引外资绝对数额来说，自 2010 年起突破 10 亿美元大关，之后随着北京市严格控制房地产业的相关政策出台，外资流入开始逐年下降，于 2012 年达到最低后，又于 2013 年反弹。由于独特的城市资源禀赋，北京市房地产业一直是国外热钱流入的重点领域，相对商业服务业与其他科技创新类服务业来说，房地产业的资金占用对北京市产业结构与服务业结构的升级优化起到阻碍作用，不利于北京市高端服务业的稳健增长。随着北京市房地产政策的调整，房地产外资流入逐渐趋稳。

北京市高新技术产业是知识密集型行业，同时也是北京市重点发展行业。信息传输、计算机服务和软件业所占份额呈现出较大的波动幅度，2015 年占服务业总体实际利用外资的 3.94％，2017 年达到 56.80％。信息计算机以及软件行业是未来服务业创新的重点领域，也是高端服务业实现快速持续发展的驱动力，外资在以上领域不仅有成熟的技术，而且拥有先进的管理经验。北京市作为全国科技创新中心，更应着重于该领域外资的合理引入与有效利用，在未来的外资政策及产业发展中应着重关注本领域的引资及行业发展。

四、北京市 FDI 空间分布的严重非均衡性

北京市实际利用 FDI 的空间分布并不均衡，2006～2017 年各区实际利用 FDI 情况如表 2－4 所示，东城、西城、朝阳、海淀利用 FDI 明显高于怀柔、平谷、密云、延庆等远郊区。西城 2017 年实际利用 FDI 为 7715945 万元，密云同年利用 FDI 仅为 4785 万元，延庆为 3383 万元，西城利用 FDI 为密云的 1613 倍，更是延庆的 2281 倍，可见北京市各区之间利用 FDI 的严重不均衡。①

表 2－4　2006～2017 年北京市各区实际利用 FDI 情况　单位：万元

年份	东城	西城	朝阳	丰台	石景山	海淀	门头沟	房山
2006	414172	112446	1517100	78768	5521	5521	1751	20193
2007	236936	263942	1460396	97539	9911	9911	595	17153
2008	301794	498034	1414571	76239	15484	15484	6611	3751
2009	478301	482910	1498011	72830	82509	82509	8812	18698
2010	351201	403247	1574731	83606	43140	43140	1311	48854
2011	338603	332113	1622072	44758	41467	41467	25762	30045
2012	391510	373139	1969260	102329	48045	48045	27594	49208
2013	399292	302084	2065758	112498	52805	52805	604	6121
2014	307363	261238	2348784	272758	56429	56429	4848	8233
2015	323920	206010	5736227	35718	55970	55970	9355	1689
2016	327544	328064	4852969	67817	97850	97850	6538	26530
2017	386826	7715945	3907398	68202	168350	168350	16547	122277
年份	通州	顺义	昌平	大兴	怀柔	平谷	密云	延庆
2006	60680	220587	51287	39938	84729	28824	21119	8961
2007	74952	215996	56863	38825	93679	5732	27209	3163
2008	90201	250607	46825	38280	46799	43468	23131	8355
2009	55639	272318	60543	70202	49489	28026	30984	4224

---

① 由于 SFDI 没有相应的区县统计数据，而北京市 FDI 流入中 SFDI 占绝对比重，这里通过区县的 FDI 数据来看 SFDI 在区县的大体分布情况。

续表

年份	通州	顺义	昌平	大兴	怀柔	平谷	密云	延庆
2010	59254	262221	58285	75716	43088	35145	29830	5472
2011	55255	248125	55715	80202	36394	36908	27300	85386
2012	63839	258733	57145	504699	127105	44280	3612	3236
2013	72459	217317	59548	492046	228273	43497	5940	121305
2014	215245	314475	62512	526866	30232	57664	11497	2030
2015	187552	320105	66971	199733	13218	9214	5289	12039
2016	234669	451318	513678	267665	24257	29304	13662	13454
2017	544005	616108	531638	299844	87248	40159	4785	3383

资料来源：2007～2018 年《北京区域统计年鉴》数据及《中国统计年鉴》当年汇率及通胀指数，将原始数据转换汇率，并以 2005 年为基年去通胀后计算所得。

为了更直观地考察北京市区域间实际利用 FDI 情况，根据各个区的地理区域分布，将北京市十六个区划分为中心城区、城区、近郊区和远郊区四个空间区域（见表 2－5），这里的中心城区包括东城区和西城区，城区包括朝阳区、丰台区、石景山区和海淀区，近郊区包括通州区、大兴区、昌平区、顺义区、门头沟区、房山区，远郊区包括密云区、延庆区、平谷区、怀柔区。

表 2－5　2006～2017 年北京市四个空间区域实际利用 FDI 占比情况

单位：%

年份	中心城区占比	城区占比	近郊区占比	远郊区占比
2006	14.73	59.03	11.03	4.02
2007	13.63	64.58	11.00	3.53
2008	20.05	57.07	10.94	3.05
2009	22.83	60.23	11.55	2.68
2010	18.09	62.23	12.13	2.72
2011	15.52	59.68	11.45	4.30
2012	15.45	61.51	19.43	3.60
2013	13.63	62.13	16.48	7.75
2014	10.44	66.90	20.79	1.86

年份	中心城区占比	城区占比	近郊区占比	远郊区占比
2015	6.64	83.03	9.84	0.50
2016	7.73	73.64	17.68	0.95
2017	50.12	35.87	13.18	0.84

资料来源：2007~2018 年《北京区域统计年鉴》数据及《中国统计年鉴》当年汇率及通胀指数，将原始数据转换汇率，并以 2005 年为基年去通胀后计算所得。

从表 2—5 可见，北京市四个空间区域实际利用外资占比情况，城区占据了几乎大半的 FDI，中心城区虽然占比相对值小于城六区，但中心城区只包括两个区，绝对值也很高。相比之下，近郊区六个区和远郊区四个区实际利用 FDI 份额相对较小，尤其是远郊区，从 2015 年以来，实际利用 FDI 占比不到 1%。2017 年，中心城区两个区实际利用 FDI 占比达到了 50.12%，可见 FDI 越来越集中于中心城区和城区，FDI 区域分布极不均衡。

第二节　北京市产业结构演变

产业结构的本质是生产要素在各个产业部门之间的资源配置模式，产业产值、产业就业及产业工资是产业结构的重要表征，本节从北京市产业产值、产业就业与产业工资的产业分布、行业分布、空间分布三个视角，来探讨北京市产业结构的演变。

一、北京市产业结构的产业分布演变

（一）北京市产出的三次产业分布演变

改革开放以来，北京市经济发展迅速，产业结构也发生了重大的改变，从原来的"二三一"范式转变为现在的"三二一"范式。表 2—6 显示了 1978~2017 年北京市三次产业产出分布。1978 年，北京市 GDP 只有 108.15 亿元，但是经过多年的发展，2014 年其生产总值达到了 21513.82 亿元，增加了 195 倍。1978~1993 年，北京市的产业结构平均比为 6.69∶59∶34.31，

第二产业产值占比虽从 1978 年的 70.96％下降到了 1993 年的 47.19％，呈现出明显的下降趋势，但仍占主导地位。1994 年开始，北京市三大产业结构开始发生转变，1994 年第三产业占比为 49.11％，超过第二产业的 45.05％，产业结构首次突破"二三一"范式，此后第三产业占比持续走高，第二产业占比则一路下降，到 2017 年，北京市三大产业间的比重达到 0.43：19.01：80.56，第三产业成为绝对主导产业。

表 2－6　1978～2017 年北京市三次产业产出分布

单位：亿元，％

年份	合计	产出			构成（合计＝100）		
		第一产业	第二产业	第三产业	第一产业	第二产业	第三产业
1978	108.15	5.57	76.74	25.84	5.15	70.96	23.90
1979	117.98	5.11	83.50	29.37	4.33	70.77	24.90
1980	131.23	5.75	90.19	35.28	4.39	68.73	26.89
1981	135.80	6.44	90.05	39.32	4.74	66.31	28.95
1982	151.86	10.00	97.65	44.22	6.58	64.30	29.12
1983	179.51	12.45	110.29	56.76	6.94	61.44	31.62
1984	210.91	14.31	127.07	69.52	6.79	60.25	32.96
1985	218.62	15.05	130.53	73.04	6.88	59.70	33.41
1986	266.76	17.79	155.06	93.91	6.67	58.13	35.21
1987	300.92	22.28	167.77	110.87	7.41	55.75	36.84
1988	340.70	30.65	183.47	126.58	9.00	53.85	37.15
1989	389.08	32.68	214.85	141.55	8.40	55.22	36.38
1990	475.14	41.46	248.58	185.10	8.73	52.32	38.96
1991	535.21	40.66	259.61	234.94	7.60	48.51	43.90
1992	645.22	44.31	313.65	287.26	6.87	48.61	44.52
1993	744.71	44.71	351.43	348.57	6.00	47.19	46.81
1994	916.97	53.48	413.13	450.36	5.83	45.05	49.11
1995	1285.34	61.55	548.68	675.11	4.79	42.69	52.52
1996	1617.38	67.20	641.40	908.87	4.16	39.66	56.19
1997	1991.26	73.31	744.16	1173.79	3.68	37.37	58.95

年份	合计	产出			构成（合计＝100）		
		第一产业	第二产业	第三产业	第一产业	第二产业	第三产业
1998	2349.80	76.07	824.61	1449.12	3.24	35.09	61.67
1999	2697.32	77.93	906.76	1712.62	2.89	33.62	63.49
2000	3104.15	76.62	1005.41	2022.13	2.47	32.39	65.14
2001	3656.55	78.37	1113.09	2465.18	2.14	30.44	67.42
2002	4476.58	83.91	1282.48	3110.18	1.87	28.65	69.48
2003	5093.91	83.93	1494.91	3515.07	1.65	29.35	69.01
2004	6103.86	84.55	1849.21	4170.20	1.39	30.30	68.32
2005	7015.13	85.36	2009.43	4920.33	1.22	28.64	70.14
2006	8189.75	85.91	2185.02	5918.92	1.05	26.68	72.27
2007	9610.59	94.85	2418.03	7097.71	0.99	25.16	73.85
2008	10757.32	105.19	2494.62	8157.51	0.98	23.19	75.83
2009	12506.55	117.62	2877.04	9511.98	0.94	23.00	76.06
2010	13980.25	118.88	3279.67	10581.70	0.85	23.46	75.69
2011	15776.00	127.61	3560.91	12087.48	0.81	22.57	76.62
2012	17885.09	144.64	3957.12	13783.33	0.81	22.13	77.07
2013	19814.91	155.75	4281.48	15377.58	0.79	21.61	77.61
2014	21513.82	156.08	4571.96	16785.78	0.73	21.25	78.02
2015	23358.68	138.46	4596.25	18623.96	0.59	19.68	79.73
2016	25165.78	127.25	4847.45	20191.08	0.51	19.26	80.23
2017	27573.72	118.50	5242.91	22212.40	0.43	19.01	80.56

资料来源：根据《北京统计年鉴》（2018）整理计算，并进行去通胀处理。

图 2—1 展示了北京市产业产出在三次产业分布中的占比情况及演变趋势。产出在第二产业与第三产业的分布占比形成了一个显著的 X 形，1994 年构成"X"的交汇点（见图 2—1）①。1994 年前，第二产业在地区生产总值中

---

① 由于是年底数据，1993 年底第二产业占比仍略高于第三产业，分别为 47.19％和 46.81％，1994 年底第二产业则低于第三产业，分别为 45.05％和 49.11％。因此，交汇点（两个产业占比相等的点）在 1994 年。

的占比高于第三产业，但呈现出显著的递减趋势，第三产业占比则正相反，总体低于第二产业，但呈现出趋于直线的向上倾斜趋势；1994 年后，第二产业占比仍延续之前的下降趋势，第三产业占比则一路向上。第一产业在北京市地区生产总值的占比趋势总体来说较为稳定，一直低于 10%，1988 年达到 9% 的最高值后就一直呈现出下降趋势，2009 年降至 1% 以下，2010~2017 年延续下降趋势，到 2017 年则降至 0.43%，在北京市地区生产总值构成中所占比例甚微，这与北京市人口增加、农田改造，使资源流入第二、第三产业有一定关系（陈和智，2007）。

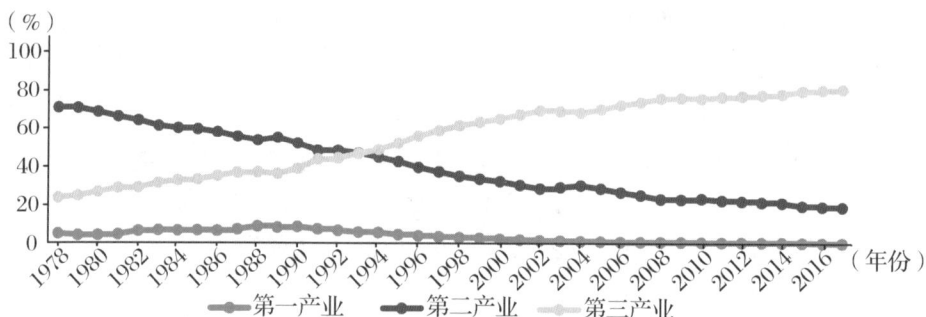

图 2-1　1978~2017 年北京市产值在三次产业中的分布

总体来说，北京市产业结构在地区生产总值中的比重一直处于不断优化的过程中，第二产业与第一产业产出占比日趋下降，到 2017 年，两者合计占比 19.44%（见表 2-6），第三产业产出比重不断提升并成为绝对主体，也成为北京市经济增长的核心驱动力。

（二）产业就业的产业分布演变

从北京市就业的总体产业分布来看，1978~2017 年，是北京市第三产业就业不断提升，第一产业就业不断下降的过程。1978 年，北京市第三产业就业人员占比为 31.6%，第二产业为 40.1%，第一产业为 28.3%，第二产业为就业分布的重点产业（见表 2-7）。2017 年，第三产业就业人员占比 80.6%，第二产业为 15.5%，第一产业仅为 3.9%。40 年间，北京市就业的产业分布经历了从第一产业和第二产业向第三产业聚集的过程。从绝对就业人数来看，1978 年第一产业年末就业人数为 125.9 万人，第二产业为 177.9 万人，第三产业为 140.3 万人；2017 年第一产业就业人数为 48.8 万人，相比 1978 年减少了 72.79％，第二产业就业人数为 192.8 万人，增加了 37.42％，而服务业就业人数增至 1005.2 万人，比 1978 年增加了 616.46％。可见北京市近 40 年来的劳动人口基本都增加至服务业，服务业具有惊人的就业吸纳及创造能力，已成为北京市就业增长的核心动力。

表 2-7　1978～2017 年北京市三次产业年末就业人数及分布

单位：万人，％

年份	合计	年末就业人数			构成（合计＝100）		
		第一产业	第二产业	第三产业	第一产业	第二产业	第三产业
1978	444.1	125.9	177.9	140.3	28.3	40.1	31.6
1979	470.5	121.4	195.2	153.9	25.8	41.5	32.7
1980	484.2	118.0	207.3	158.9	24.4	42.8	32.8
1981	511.7	117.2	220.4	174.1	22.9	43.1	34.0
1982	535.2	115.1	228.6	191.5	21.5	42.7	35.8
1983	552.0	117.1	240.2	194.7	21.2	43.5	35.3
1984	556.2	111.3	247.9	197.0	20.0	44.6	35.4
1985	566.5	100.6	260.4	205.5	17.7	46.0	36.3
1986	572.7	96.1	262.7	213.9	16.8	45.9	37.3
1987	580.2	92.3	264.1	223.8	15.9	45.5	38.6
1988	584.1	88.4	267.6	228.1	15.1	45.8	39.1
1989	593.9	91.0	266.3	236.6	15.3	44.9	39.8
1990	627.1	90.7	281.6	254.8	14.5	44.9	40.6
1991	634.0	90.8	279.7	263.5	14.3	44.1	41.6
1992	649.3	84.5	281.6	283.2	13.0	43.4	43.6
1993	627.8	65.1	279.4	283.3	10.4	44.5	45.1
1994	664.3	73.2	272.2	318.9	11.0	41.0	48.0
1995	665.3	70.6	271.0	323.7	10.6	40.7	48.7
1996	660.2	72.5	260.1	327.6	11.0	39.4	49.6
1997	655.8	71.0	257.6	327.2	10.8	39.2	50.0

续表

年份	合计	年末就业人数			构成（合计＝100）		
		第一产业	第二产业	第三产业	第一产业	第二产业	第三产业
1998	622.2	71.5	226.0	324.7	11.5	36.3	52.2
1999	618.6	74.5	216.2	327.9	12.1	34.9	53.0
2000	619.3	72.9	208.2	338.2	11.8	33.6	54.6
2001	628.9	71.2	215.9	341.8	11.3	34.3	54.4
2002	679.2	67.6	235.3	376.3	10.0	34.6	55.4
2003	703.3	62.7	225.8	414.8	8.9	32.1	59.0
2004	854.1	61.5	232.8	559.8	7.2	27.3	65.5
2005	878.0	62.2	231.1	584.7	7.1	26.3	66.6
2006	919.7	60.3	225.4	634.0	6.6	24.5	68.9
2007	942.7	60.9	228.1	653.7	6.5	24.2	69.3
2008	980.9	63.0	207.4	710.5	6.4	21.2	72.4
2009	998.3	62.2	199.6	736.5	6.2	20.0	73.8
2010	1031.6	61.4	202.7	767.5	6.0	19.6	74.4
2011	1069.7	59.1	219.2	791.4	5.5	20.5	74.0
2012	1107.3	57.3	212.6	837.4	5.2	19.2	75.6
2013	1141.0	55.4	210.9	874.7	4.8	18.5	76.7
2014	1156.7	52.4	209.9	894.4	4.5	18.2	77.3
2015	1186.1	50.3	200.8	935.0	4.2	17.0	78.8
2016	1220.1	49.6	193.0	977.5	4.1	15.8	80.1
2017	1246.8	48.8	192.8	1005.2	3.9	15.5	80.6

资料来源：根据 1979～2018 年《北京统计年鉴》整理所得。

从北京市就业在三次产业间的分布趋势来看，1978 年三个产业的初始值较为接近，尤其是第一产业和第三产业，1992 年服务业就业首次超过第二产业，之后第二产业和第一产业吸纳就业逐步下降，第三产业从业人员不断上升，形成明显的 X 形走向（见图 2—2）。

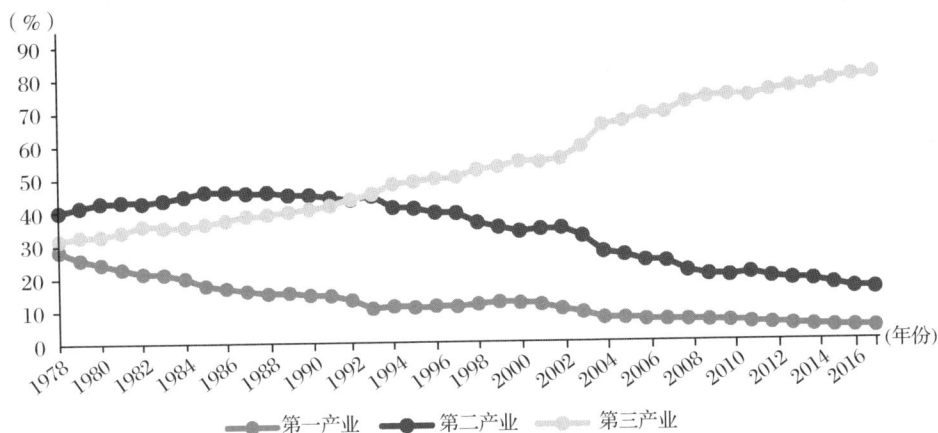

图 2-2　1978~2017 年北京市就业在三次产业间的分布

（三）产业工资的产业分布演变

就业收入作为就业结构的重要部分，体现了就业结构的质量因素。为了进一步理解北京市三次产业的收入情况，为了获得每个产业真实的平均工资，这里通过对每个产业涵盖行业的平均工资进行加权平均，得到各产业的平均工资，并以 2005 年为基年进行去通胀处理。

2008~2017 年北京市三次产业平均工资情况如表 2-8 所示，相比 2008年，2017 年三次产业平均工资都有大幅增长，但服务业平均工资自 2008 年以来一直处于较高水平，2015 年首次超过 10 万元/人，可见服务业就业收入是服务业吸纳与创造就业的一个重要因素。

表 2-8　2008~2017 年北京市三次产业平均工资

单位：万元/人

年份	第一产业	第二产业	第三产业
2008	2.01	3.33	4.74
2009	2.52	3.89	5.37
2010	2.65	4.28	5.74
2011	2.94	4.89	6.65
2012	3.62	5.82	7.73
2013	4.41	6.48	8.45

续表

年份	第一产业	第二产业	第三产业
2014	4.50	7.17	9.29
2015	4.66	7.83	10.15
2016	4.77	8.49	10.75
2017	5.06	9.27	11.83

资料来源：2009~2018年《北京区域统计年鉴》中各行业平均工资，通过对每个产业涵盖行业的平均工资进行加权平均，得到各产业平均工资，并以2007年为基年进行去通胀处理。

二、北京市产业结构的行业分布演变

（一）产业产值的行业分布演变

北京市产业产值在北京市主要行业的分布呈现出较显著的集聚性（见表2—9）。基础行业中建筑业产值一直占有较大比重，2017年达到9583.4亿元，为同期采矿业的153.58倍；其次为制造业，2017年产值达3264.1亿元。相对于其他第一、第二产业的行业类别，建筑业与制造业属于资本密集型行业。

在服务业行业中，2017年产值排名前三位的分别是金融业4582.1亿元，信息传输、软件和信息技术服务业3178.1亿元，科学研究和技术服务业2814.2亿元，这三个行业均属于科技、知识密集型的高端服务行业。紧随其后的是批发和零售业2447.6亿元，租赁和商务服务业1905亿元，房地产业1738.4亿元，属于相对资本密集型的服务业行业。从近十年间产值的增长速度来看，排名第7位的教育行业增长迅猛，2017年行业产值为1313.8亿元，同属于知识密集型（见表2—9）。

因此，从北京市产值的行业分布来看，在第一、第二产业中，产值主要集聚在资本密集型行业；在服务业中，产值主要集中在科技、知识密集型的高端服务行业，其后是资本密集型的服务行业。

单位：亿元、%

表 2-9 2008~2017 年北京市主要行业产出分布

项目 \ 年份	2008	2009	2010	2011	2012	2013	2014	2015	2016	2017
农、林、牧、渔业	287.0	317.2	317.5	344.5	385.7	411.1	411.8	363.2	331.4	303.5
采矿业	—	—	—	—	—	170.2	176.2	150.2	72.9	62.4
制造业	—	—	—	—	—	2764.2	2874.3	2886.9	3079.4	3264.1
电力、热力、燃气及水的生产和供应业	—	—	—	—	—	634.3	733.4	740.7	795.4	880.3
建筑业	2895.3	4088.3	5030.0	5736.5	6421.3	7275.2	8048.8	8320.2	8667.8	9583.4
批发和零售业	1347.2	1535.8	1828.2	2030.1	2173.3	2281.4	2363.8	2319.8	2326.6	2447.6
交通运输、仓储和邮政业	471.1	560.5	689.3	767.6	795.6	849.8	929.8	970.8	1040.2	1189.4
住宿和餐饮业	259.1	264.4	307.2	330.6	363.6	365.3	356.7	392.1	391.6	407.3
信息传输、软件和信息技术服务业	943.4	1074.0	1175.3	1416.9	1580.7	1853.3	2094.2	2408.2	2750.8	3178.1
金融业	1434.6	1614.9	1804.1	2101.9	2472.6	2868.6	3292.0	3872.2	4187.1	4582.1
房地产业	797.5	1070.0	974.3	1019.8	1212.7	1305.6	1303.1	1418.5	1639.9	1738.4
租赁和商务服务业	722.7	815.3	922.7	1102.6	1306.6	1530.0	1671.6	1746.4	1802.3	1905.0
科学研究和技术服务业	667.3	822.7	911.0	1077.3	1236.3	1738.0	1982.3	2195.5	2462.7	2814.2
水利、环境和公共设施管理业	55.8	67.7	72.9	81.9	98.7	117.9	135.1	179.7	200.4	222.4
居民服务、修理和其他服务业	70.7	74.4	96.1	106.4	121.2	136.4	152.0	140.8	156.6	168.6
教育	379.7	447.2	499.7	574.9	664.5	810.5	911.2	1031.0	1150.2	1313.8
卫生和社会工作	177.3	214.5	246.4	295.5	354.4	406.3	459.8	570.5	624.1	685.0
文化、体育和娱乐业	233.6	260.8	285.2	322.0	392.4	439.2	461.5	520.8	554.2	588.7
公共管理、社会保障和社会组织	349.0	421.8	449.8	502.4	550.9	567.9	565.6	725.1	796.8	882.8

资料来源：2009~2018 年《北京统计年鉴》，并以 2007 年为基年进行去通胀因素后整理所得。

为了进一步了解北京市产值的行业分布情况，这里将北京市主要行业划分为六个类别，分别为基础行业、一般服务业、商务服务业、高端服务业、房地产业和其他服务业。其中，基础行业包括农、林、牧、渔业，采矿业，制造业，电力、热力、燃气及水的生产和供应业，建筑业五个行业；一般服务业包括批发和零售业，交通运输、仓储和邮政业，住宿和餐饮业三个行业；商务服务业包括租赁和商务服务业；高端服务业包括信息传输、软件和信息技术服务业，金融业，科学研究和技术服务业，教育四个行业；其他服务业包括水利、环境和公共设施管理业，居民服务、修理和其他服务业，卫生和社会工作，文化、体育和娱乐业，公共管理、社会保障和社会组织五个行业。六个行业类别的产值分布情况如表2-10所示。

表2-10　2008～2017年北京市六个行业类别产出情况　　　　单位：%

年份	基础行业	一般服务业	商务服务业	高端服务业	房地产业	其他服务业
2008	28.69	18.73	6.52	30.88	7.19	7.99
2009	32.28	17.29	5.97	29.00	7.84	7.61
2010	34.26	18.10	5.91	28.12	6.24	7.37
2011	34.14	17.56	6.19	29.03	5.73	7.34
2012	33.81	16.55	6.49	29.58	6.02	7.54
2013	42.43	13.18	5.77	27.41	4.92	6.29
2014	42.33	12.62	5.78	28.63	4.51	6.13
2015	40.26	11.90	5.64	30.71	4.58	6.90
2016	39.20	11.38	5.46	31.94	4.96	7.06
2017	38.91	11.17	5.26	32.82	4.80	7.03

资料来源：2009～2018年《北京统计年鉴》中各行业产值数据，并根据行业类别进行划分，每个行业类别的产值为该类别中所包含各具体行业的产值求和，并以2007年为基年进行去通胀处理，再除以当年总产值计算所得。

从六个行业类别来看，可以更为直观地获得行业产值的演变信息。高端服务业产值占比较为突出，占比为32.82%。基础行业由于涵盖具体细分行业较多，包括农、林、牧、渔业，采矿业，制造业，电力、热力、燃气及水的生产和供应业，建筑业，总占比相应较高，为38.91%；与之相比，商务服业和房地产业作为单一行业，占比分别为 5.26% 和 4.80%，其他服务业涵盖具体细分行业较多，占比为 7.03%。可见，北京市产值主要聚集在科技、知识密集型的高端服务业，以及劳动、资本相对密集型的基础行业。从价值链角度来看，聚集在价值链的两端。

（二）产业就业的行业分布演变

北京市就业在主要行业之间的分布，表征了北京市就业的行业结构。2008～2017 年，北京市行业就业较突出的一个特点就是：北京市的从业人员行业聚集性较强，从业人员集中在几个主要行业。

从表 2—11 可见，2008～2017 年，第一产业就业基本未发生变化，可见十年来北京市新增人口并没有流入第一产业。北京市就业主要集中于制造业，批发和零售业，租赁和商务服务业，信息传输、软件和信息技术服务业，科学研究和技术服务业几个主要行业。其中制造业、批发和零售业、租赁和商务服务业为传统就业大户，2008～2017 年以来吸纳就业一直较多，但制造业吸纳就业人数在逐渐下降，批发和零售业、租赁和商务服务业吸纳就业人数缓步上升；信息传输、软件和信息技术服务业，科学研究和技术服务业，金融业则为就业吸纳的行业"新贵"，自 2008 年以来，就业吸纳及创造规模迅速扩大，分别从 2008 年的 48.8 万人、55.7 万人和 23.2 万人，升至 2017 年的 101.6 万人、106.8 万人和 56.7 万人，这三个行业是典型的科技、知识密集型行业，就业结构在这三个行业的分布与演化充分表征了北京市就业结构行业分布层次的优化与提升，从传统行业到科技、知识密集型行业的结构优化。

将产业就业按六个行业类别进行划分，则能更直观地理解北京市产业就业的行业分布情况。表 2—12 显示，北京市就业总量呈现出较突出的集聚性，从业人员主要集中在高端服务业，2017 年高端服务业吸纳就业 318.9 万人，为就业集聚最突出的行业类别；其次是一般服务业，吸纳就业 237.7 万人。基础行业由于涉及行业细分较多，相应吸纳从业人员也较多，为 196.9 万人，排在第三位。商务服务业 173.5 万人，位列第四。可见，北京市就业在科技、知识密集型的高端服务业行业有较强的集聚性，高端服务业已成为北京市吸纳、创造就业的核心动力之一。

表 2-11 2008～2017 年北京市主要行业年末从业人数

单位：万人

项目\年份	2008	2009	2010	2011	2012	2013	2014	2015	2016	2017
农、林、牧、渔业	4.6	4.1	4.4	3	3.1	3.9	4.2	5.1	4.9	4.6
采矿业	5.1	5.1	4.6	6.8	6.9	6.8	6.2	5.3	4.6	4.2
制造业	134.2	129.9	132.1	138.6	136.3	133.2	129.9	119	110.7	104.4
电力、热力、燃气及水的生产和供应业	6.9	6.9	7.1	9.3	9.2	9.1	8.6	8.6	9.5	9.5
建筑业	48	49.1	52.6	58.7	58.5	60.8	63.7	66.4	67.7	74.2
批发和零售业	103.6	101.3	105.5	113.5	124.6	122.6	123	129.5	127.5	129.8
交通运输、仓储和邮政业	54.8	55.8	56.5	63.3	64.4	65.5	66.6	66.8	64.1	63.6
住宿和餐饮业	43.8	43.8	42.2	44.7	47.7	46.2	44.1	42.6	42	44.3
信息传输、软件和信息技术服务业	48.8	50.6	58.4	66.7	73.2	79.4	84.4	92.2	92.9	101.6
金融业	23.2	25.8	27.9	33.4	39.5	40.5	45.9	50.9	53.8	56.7
房地产业	39.5	40.1	42.4	46.4	47.6	52	52.4	53.7	59	58.8
租赁和商务服务业	100.1	102.1	112.4	95.9	101.1	109.5	124.4	142.9	168.8	173.5
科学研究和技术服务业	55.7	58.1	65.3	67.9	73.9	79.1	82.7	88.5	99.8	106.8
水利、环境和公共设施管理业	9.6	9.7	10	10.2	10.7	11.4	11.8	12.4	12.8	13.2
居民服务、修理和其他服务业	13.7	14.7	16.3	15.7	16.4	17.8	17.2	17.6	18.2	18.7
教育	43.3	44.5	45	46.9	48	49.5	49	50.7	52.4	53.8
卫生和社会工作	19.7	21.2	21.9	23.9	24.3	26.1	26.9	28.8	30.6	31.5
文化、体育和娱乐业	18.5	19.5	19.6	19.7	21.2	23	22.8	23	23.4	23.6
公共管理、社会保障和社会组织	38.9	40	41.1	43.1	44.8	45.5	46.7	46.7	47	47.8

资料来源：根据 2009～2018 年《北京统计年鉴》整理所得。

表 2-12 2008～2017 年北京市六个行业类别年末从业人数

单位：万人

年份	基础行业	一般服务业	商务服务业	高端服务业	房地产业	其他服务业
2008	198.8	202.2	100.1	171	39.5	100.4
2009	195.1	200.9	102.1	179	40.1	105.1
2010	200.8	204.2	112.4	196.6	42.4	108.9
2011	216.4	221.5	95.9	214.9	46.4	112.6
2012	214	236.7	101.1	234.6	47.6	117.4
2013	213.8	234.3	109.5	248.5	52	123.8
2014	212.6	233.7	124.4	262	52.4	125.4
2015	204.4	238.9	142.9	282.3	53.7	128.5
2016	197.4	233.6	168.8	298.9	59	132
2017	196.9	237.7	173.5	318.9	58.8	134.8

资料来源：2009～2018 年《北京统计年鉴》中各行业年末从业人数，并根据行业类别进行划分，每个行业类别的年末从业人数为行业类别中所包含具体行业从业人数的加总。

（三）产业工资的行业分布演变

就业收入作为行业就业结构的重要方面，在一定程度上表征了行业就业质量。2008～2017 年北京市行业工资情况如表 2-13 所示。为体现真实工资水平，对原始工资数据进行去通胀处理。从这里可以发现，传统行业中电力、热力、燃气及水的生产和供应业作为具有一定垄断性的行业，工资水平相对较高；金融业，信息传输、软件和信息技术服务业作为知识、科技密集型的高端服务业，工资水平分别占北京市行业平均工资的第一和第二名；教育行业也具有非常高的知识密集程度，工资水平也相对较高；卫生和社会工作，文化、体育和娱乐业，公共管理、社会保障和社会组织这三个行业，由于其行业独特的性质，工资水平也相对较高。2017 年行业平均工资超过 10 万元/人的行业中，传统行业只有电力、热力、燃气及水的生产和供应业一个行业，其他都是服务行业，尤其是知识、技术密集型的高端服务行业。

表2-13 2008~2017年北京市行业平均工资

单位：万元/人

行业＼年份	2008	2009	2010	2011	2012	2013	2014	2015	2016	2017
农、林、牧、渔业	2.01	2.52	2.65	2.94	3.62	4.41	4.50	4.66	4.77	5.06
采矿业	5.20	5.67	6.52	7.00	7.61	8.02	8.82	8.66	8.88	9.98
制造业	3.18	3.73	4.13	4.83	5.73	6.45	7.12	7.95	8.73	9.61
电力、热力、燃气及水的生产和供应业	6.67	7.67	8.05	7.76	8.81	9.55	10.79	12.41	12.83	14.13
建筑业	3.07	3.62	3.93	4.35	5.35	5.92	6.61	6.96	7.46	8.13
批发和零售业	3.79	4.03	4.32	5.05	5.91	6.50	7.19	7.48	8.03	8.71
交通运输、仓储和邮政业	3.93	4.36	4.68	5.38	6.15	6.66	7.28	7.65	8.45	9.16
住宿和餐饮业	2.26	2.54	2.73	3.18	3.77	4.07	4.45	4.78	5.03	5.24
信息传输、软件和信息技术服务业	7.34	8.49	8.58	9.51	11.05	11.67	12.60	13.94	15.26	16.64
金融业	12.55	14.21	15.62	16.15	17.73	19.54	21.31	23.75	22.90	24.55
房地产业	3.53	4.10	4.42	4.99	5.92	6.73	7.24	8.16	9.15	9.23
租赁和商务服务业	4.31	4.81	5.06	6.25	7.28	7.99	8.40	8.75	8.89	9.68
科学研究和技术服务业	5.73	6.66	6.90	7.78	8.82	9.66	10.53	10.91	11.71	12.53
水利、环境和公共设施管理业	3.27	3.59	3.82	4.37	5.10	5.48	6.21	6.81	7.15	8.16
居民服务、修理和其他服务业	2.00	2.17	2.31	2.67	3.48	3.84	4.14	4.41	4.53	4.77
教育	4.79	5.41	6.01	6.74	7.84	8.32	9.43	10.62	11.43	13.70
卫生和社会工作	5.51	6.16	6.56	7.56	9.24	10.42	11.89	13.31	13.96	16.04
文化、体育和娱乐业	5.39	6.01	6.34	7.85	9.01	9.73	10.26	11.21	12.18	13.36
公共管理、社会保障和社会组织	4.86	5.39	5.39	6.26	6.85	7.17	7.47	8.98	10.00	12.29

资料来源：2009~2018年《北京统计年鉴》中各行业平均工资，以2007年为基年进行去通胀处理。

为了进一步考察不同行业类别的工资情况，这里将行业分为基础行业、一般服务业、商务服务业、高端服务业、房地产业和其他服务业六个类别。其中，基础行业包括农、林、牧、渔业，采矿业，制造业，电力、热力、燃气及水的生产和供应业，建筑业五个行业；一般服务业包括批发和零售业，交通运输、仓储和邮政业，住宿和餐饮业三个行业；商务服务业包括租赁和商务服务业；高端服务业包括信息传输、软件和信息技术服务业，金融业，科学研究和技术服务业，教育四个行业；其他服务业包括水利、环境和公共设施管理业，居民服务、修理和其他服务业，卫生和社会工作，文化、体育和娱乐业，公共管理、社会保障和社会组织五个行业。六个行业类别的平均工资如表 2—14 所示。

表 2—14　2008～2017 年北京市六个行业类别平均工资

单位：万元/人

年份	基础行业	一般服务业	商务服务业	高端服务业	房地产业	其他服务业
2008	3.30	3.50	4.31	6.88	3.53	4.54
2009	3.87	3.80	4.81	7.95	4.10	5.04
2010	4.24	4.09	5.06	8.43	4.42	5.19
2011	4.86	4.76	6.25	9.39	4.99	6.14
2012	5.79	5.54	7.28	10.82	5.92	7.10
2013	6.45	6.07	7.99	11.65	6.73	7.70
2014	7.12	6.70	8.40	12.88	7.24	8.35
2015	7.76	7.05	8.75	14.16	8.16	9.51
2016	8.40	7.61	8.89	14.78	9.15	10.27
2017	9.17	8.18	9.68	16.17	9.23	11.91

资料来源：2009～2018 年《北京统计年鉴》中各行业平均工资，并根据行业类别进行划分，每个行业类别的平均工资为该类别中所包含各行业的平均工资的加权平均，并以 2007 年为基年进行去通胀处理。

表 2—14 较清晰地表征了北京市几个类别的行业平均工资情况，其中高端服务业平均工资最高，与其知识、科技密集程度有直接关系，其他服务业因包含卫生和社会工作，文化、体育和娱乐业，公共管理、社会保障和社会

组织这三个较具行业特色的服务行业,平均工资仅次于高端服务业。这里,一般服务业类别的工资相对低于基础行业,基础行业劳动密集度相对较强,近年来与其他服务业相比,从业人员数量相对较少,进而导致平均工资相对增长来吸纳就业。

三、北京市产业结构的空间分布演变

(一)产业产值的空间分布演变

北京市产值的空间分布呈现出较显著的区域集聚性,产值的空间分布不均衡,呈现出较大差异。从各行政区的产值情况来看(见表2-15),北京市产值主要集中在海淀区、朝阳区、西城区和东城区。从 2017 年数据来看,海淀区产值最高,达 5849.2 亿元;朝阳区其次,为 5546.7 亿元;西城区排在第三位,为 3859.0 亿元;东城区排在第四位,为 2211.8 亿元[①]。远郊区产值则相对较低,如同年的门头沟区为 171.7 亿元,延庆区为 134.0 亿元。2017年海淀区产值为延庆区产值的 43.65 倍,说明北京市区域经济发展具有显著的不均衡性。

表 2-15　2006～2017 年北京市产出的空间分布情况　　单位:亿元

年份	东城	西城	朝阳	丰台	石景山	海淀	门头沟	房山
2006	644.1	1060.7	1189.9	294.8	61.6	1215.7	21.6	79.9
2007	709.2	1271.6	1393.1	324.6	70.6	1400.7	25.1	85.0
2008	849.1	1581.4	1800.0	481.9	201.6	1992.2	64.1	210.7
2009	1130.3	1130.3	2397.2	631.8	250.4	2464.1	75.3	295.5
2010	1184.5	1992.0	2714.6	711.3	286.0	2683.0	83.7	359.6
2011	1271.1	2239.8	3104.5	799.5	304.2	3016.9	98.3	394.7
2012	1413.4	2527.8	3540.0	900.4	329.6	3425.7	114.1	437.9
2013	1531.3	2754.1	3863.2	982.3	355.9	3738.0	121.1	469.6

① 为获得更直观、真实的产值数据,这里历年产值数据均进行了去通胀处理。

年份	东城	西城	朝阳	丰台	石景山	海淀	门头沟	房山
2014	1699.0	2992.4	4252.3	1070.2	393.0	4205.9	131.2	509.1
2015	1832.2	3225.2	4576.1	1153.8	424.2	4549.8	142.1	547.0
2016	2021.4	3531.7	5069.6	1271.6	472.7	5289.4	154.8	594.7
2017	2211.8	3859.0	5546.7	1405.1	527.0	5849.2	171.7	670.9
年份	通州	顺义	昌平	大兴	怀柔	平谷	密云	延庆
2006	67.9	110.7	110.6	80.7	36.1	28.4	36.3	27.7
2007	76.5	136.9	121.7	87.3	40.8	29.4	39.6	30.4
2008	201.0	377.5	298.0	204.4	123.0	75.6	101.0	52.9
2009	280.9	695.0	344.8	273.1	132.4	107.7	120.4	61.9
2010	333.8	840.1	387.1	301.9	143.2	114.2	136.9	65.5
2011	379.7	963.0	431.7	332.9	160.2	129.6	153.7	71.9
2012	439.1	1075.2	493.5	381.8	177.4	149.3	174.0	81.7
2013	487.6	1201.0	543.1	420.7	195.4	164.5	190.2	89.9
2014	538.1	1313.5	599.2	465.7	215.0	179.8	207.7	97.8
2015	587.1	1421.0	648.2	503.1	230.9	194.3	223.6	105.9
2016	661.6	1560.4	738.6	571.7	254.3	214.0	246.2	120.3
2017	746.1	1688.9	826.4	634.4	281.3	229.9	273.9	134.0

资料来源：2007～2018 年《北京区域统计年鉴》中各区产出，根据空间区域划分，通过对每个空间区域中包含区县的产出加总，得到各空间区域产出，并以 2005 年为基年进行去通胀处理。

为了更直观地认识北京市产值空间分布，根据北京市各区的空间分布，将北京市十六个区划分为四个地理区域：中心城区、城区、近郊区和远郊区。其中，中心城区包括东城区和西城区，城区包括朝阳区、丰台区、石景山区和海淀区，近郊区包括通州区、大兴区、昌平区、顺义区、门头沟区、房山区，远郊区包括密云区、延庆区、平谷区、怀柔区。2006～2017 年四个空间区域的产值分布占比如表 2－16 所示。

表 2-16　2006～2017 年北京市四个空间区域的产值分布占比

单位：%

年份	中心城区	城区	近郊区	远郊区
2006	33.65	54.51	9.30	2.54
2007	33.90	54.58	9.12	2.40
2008	28.22	51.96	15.74	4.09
2009	21.75	55.27	18.91	4.06
2010	25.75	51.83	18.69	3.73
2011	25.35	52.16	18.77	3.72
2012	25.17	52.33	18.78	3.72
2013	25.05	52.25	18.96	3.74
2014	24.86	52.58	18.85	3.71
2015	24.83	52.56	18.90	3.71
2016	24.38	53.15	18.80	3.67
2017	24.23	53.19	18.91	3.67

资料来源：2007～2018 年《北京市区域统计年鉴》中各区产出，根据空间区域划分，通过对每个空间区域中包含区的产出加总，得到各空间区域产出，并以 2005 年为基年进行去通胀处理。

从产出的空间分布可见，城区四区一直是北京市产值的主要聚集区域，2006～2017 年数据显示，城区四区的占比一直在 51%～55%。中心城区占比 2017 年为 24.23%，相对 2006 年的 33.65% 下调了近 33%。近郊区 2017 年产值占比为 18.91%，相比 2006 年的 9.30% 增长了一倍多。可见，北京市产值分布近十二年来呈现出逐渐由中心城区向近郊区转移的趋势。但城六区仍为北京市产值的主要分布区域，2017 年占比仍达 77.42%，呈现出产值在北京市城区的集聚分布特征。

（二）产业就业的空间分布演变

北京市空间就业情况具有较强的不平衡性，这种不平衡性也体现了北京市就业的空间集聚。从表 2-17 可见，截至 2017 年底，北京市就业主要集中于海淀区、朝阳区，其中海淀区吸纳就业 173.93 万人，朝阳区吸纳就业 146.39 万人，这两个区吸纳就业分别占北京的第一和第二位，排名第三、第四的分别为西城区的 91.68 万人和东城区的 58.90 万人。排名最末的三个区分别为怀柔区（8.98 万人），延庆区（6.80 万人）和门头沟区（4.88 万人）。排名第一的海淀区吸纳就业人数为门头沟区的 35.64 倍。

表 2－17　2006～2017 年北京市就业的空间分布情况　　单位：万人

年份	东城	西城	朝阳	丰台	石景山	海淀	门头沟	房山
2006	49.04	82.90	82.83	47.78	15.54	107.79	5.92	13.70
2007	51.46	84.48	89.89	48.44	15.07	115.70	5.98	13.76
2008	53.18	78.58	105.60	60.93	15.53	119.27	6.48	14.81
2009	52.71	81.59	111.05	65.49	16.15	126.36	6.54	16.33
2010	53.42	86.54	115.40	64.90	16.74	133.72	6.32	16.90
2011	58.30	89.30	118.88	67.17	18.50	144.44	6.15	16.84
2012	61.48	93.25	130.24	64.49	18.90	152.01	6.17	17.27
2013	63.19	94.38	142.37	60.96	20.10	158.49	6.08	16.57
2014	65.14	95.35	140.80	63.91	20.05	164.41	5.84	16.06
2015	65.67	96.72	151.83	63.54	19.84	170.05	5.62	15.29
2016	58.77	90.31	140.69	62.44	18.20	168.10	4.54	14.11
2017	58.90	91.68	146.39	65.49	18.46	173.93	4.88	14.61

年份	通州	顺义	昌平	大兴	怀柔	平谷	密云	延庆
2006	17.31	22.85	18.23	22.74	6.70	7.56	7.50	4.61
2007	17.23	27.73	19.21	27.64	7.02	7.17	8.08	4.77
2008	19.01	32.83	20.86	31.46	7.68	8.07	9.22	5.52
2009	21.51	33.03	23.25	33.34	7.82	9.23	9.30	5.64
2010	22.12	35.66	24.40	36.46	8.14	9.58	10.41	5.93
2011	22.81	42.16	25.34	40.56	8.50	10.02	10.79	6.14
2012	21.84	44.55	25.98	44.85	9.17	10.32	10.41	6.46
2013	22.31	45.24	29.16	46.23	9.10	10.18	10.96	6.95
2014	22.81	47.42	28.24	47.19	9.14	12.07	10.41	7.03
2015	22.64	46.71	29.40	50.51	9.60	12.45	10.42	7.07
2016	21.56	44.13	27.36	46.07	8.66	11.90	9.68	7.01
2017	22.06	44.40	28.91	49.64	8.98	11.60	9.65	6.80

资料来源：根据 2007～2018 年《北京区域统计年鉴》整理所得。

2006～2017年，海淀区和朝阳区吸纳就业人数上升较快，海淀区由2006年的107.79万人升至2017年的173.93万人，朝阳区则由82.83万人升至146.39万人，分别增长61.36％和76.74％。郊区中大兴区和顺义区增幅非常突出，2017年吸纳就业相对2006年分别增加了118.29％和94.31％，是十二年来北京市吸纳就业增幅最大的两个区。可见近十二年来的新增就业主要分布在这四个区。其他十二个区中，除门头沟区外，2006～2017年吸纳就业人数均有一定幅度的增长。2017年，门头沟区就业人数相对2006年还有所下降，是北京市十六个区中唯一就业人数下降的区，这与门头沟区的地理位置、主要产业特征及经济发展模式有较大关系。

为了进一步考察空间区域对就业吸纳的影响，将北京市十六个区划分为四个空间区域：中心城区、城区、近郊区和远郊区，这里的中心城区包括东城区和西城区，城区包括朝阳区、丰台区、石景山区和海淀区，近郊区包括通州区、大兴区、昌平区、顺义区、门头沟区、房山区，远郊区包括密云区、延庆区、平谷区、怀柔区。

从空间区域划分可见（见表2-18），城区是北京市吸纳及创造就业的主要区域，2006年以来，城区吸纳就业占据北京市总就业的半壁江山，中心城区虽然吸纳就业的绝对数值小于近郊区，但由于中心城区只包含两个区，其吸纳及创造就业能力也非常突出；远郊区吸纳就业能力最差，这与其地理位置、主要产业分布有较大关系。

表2-18　2006～2017年北京市四个空间区域从业占比情况　单位:％

年份	中心城区	城区	近郊区	远郊区
2006	25.68	49.43	19.61	5.13
2007	24.97	49.43	20.49	4.97
2008	22.37	51.16	21.30	5.18
2009	21.68	51.51	21.64	5.16
2010	21.65	51.15	21.94	5.27
2011	21.52	50.88	22.43	5.17
2012	21.57	50.97	22.39	5.07

续表

年份	中心城区	城区	近郊区	远郊区
2013	21.23	51.45	22.31	5.01
2014	21.23	51.49	22.17	5.11
2015	20.89	52.13	21.89	5.09
2016	20.32	53.09	21.51	5.08
2017	19.91	53.45	21.75	4.90

资料来源：2007～2018年《北京区域统计年鉴》中各区城镇从业人数的相关统计，根据空间区域划分加总计算所得。

(三) 产业工资的空间分布演变

北京市各区的平均工资在一定程度上反映了各区从业人员的素质情况，从表2－19可见，西城区平均工资最高，这与西城区有大量的银行、金融机构、大型企业有较大关系，东城区与海淀区排在第二和第三位，与东城区和海淀区的高端服务业、高科技服务业密集有较大关联；朝阳区是北京的商务中心，外资企业密集，排在第四位；平谷区、延庆区由于地理状况及产业分布的原因，较突出的高端服务业、高科技行业相对较少，仍是传统行业占主导，平均工资也相对较低。

表2－19 2006～2017年北京市各区平均工资 单位：万元/人

年份	东城	西城	朝阳	丰台	石景山	海淀	门头沟	房山
2006	4.51	4.52	4.96	2.84	3.42	4.16	2.59	2.61
2007	5.02	5.12	5.08	3.19	3.79	4.65	2.87	3.05
2008	6.15	6.95	5.99	3.34	4.18	5.73	3.21	3.23
2009	7.04	7.88	6.65	3.72	4.75	6.50	3.77	3.58
2010	7.48	8.37	7.08	4.06	4.96	6.98	4.24	3.96
2011	8.04	9.67	8.14	4.82	5.49	7.80	5.08	4.78
2012	9.11	11.03	9.28	5.53	6.17	9.19	5.74	5.35
2013	9.69	12.23	10.18	6.28	6.91	10.03	6.21	5.93

续表

年份	东城	西城	朝阳	丰台	石景山	海淀	门头沟	房山
2014	10.75	13.73	11.11	6.94	7.95	10.95	7.21	6.78
2015	12.22	15.56	11.70	7.60	9.01	12.13	7.49	7.45
2016	13.82	16.59	12.61	8.63	10.47	13.24	9.05	8.61
2017	15.45	18.20	13.60	9.60	12.01	14.62	10.39	9.36

年份	通州	顺义	昌平	大兴	怀柔	平谷	密云	延庆
2006	2.14	3.49	2.78	2.90	2.81	2.13	2.31	2.26
2007	2.46	3.83	2.95	3.91	3.17	2.40	2.42	2.46
2008	2.87	4.27	3.32	4.44	3.44	2.61	2.55	2.70
2009	3.35	4.86	3.79	5.05	4.07	2.86	3.02	3.22
2010	3.94	5.24	4.18	5.36	4.37	3.25	3.16	3.32
2011	4.23	5.99	5.10	6.17	5.17	3.76	3.86	3.86
2012	5.19	6.86	6.01	6.99	5.61	4.43	4.86	4.34
2013	5.81	7.77	6.73	7.72	6.21	5.17	5.31	4.46
2014	6.48	8.62	7.88	8.55	7.48	5.03	6.08	4.88
2015	7.06	9.65	8.32	8.86	8.35	5.49	6.75	5.64
2016	7.92	10.47	9.30	9.99	9.44	6.72	7.83	5.95
2017	9.14	11.51	10.40	10.73	10.69	7.92	9.12	7.38

资料来源：2007~2018年《北京区域统计年鉴》中各区平均工资，以2005年为基年进行去通胀处理。

同样，为了进一步认知空间区域分布的平均工资情况，将平均工资置于四个空间层次中进行考察，表2-20显示，2017年中心城区的平均工资水平最高，城区的平均工资水平（13.32万元/人）略高于北京市平均水平（13.25万元），远郊区平均工资水平最低。平均工资在四个空间层次的分布明显地表现出地理距离的歧视性，越靠近北京市中心地区，平均工资水平越高，反之亦然。

表 2-20 2006～2017 年北京市四个空间区域的平均工资

单位：万元/人

年份	北京市	中心城区	城区	近郊区	远郊区
2006	3.88	4.52	4.13	2.83	2.38
2007	4.30	5.08	4.48	3.34	2.62
2008	5.12	6.63	5.26	3.76	2.82
2009	5.77	7.55	5.89	4.27	3.27
2010	6.19	8.03	6.34	4.69	3.50
2011	7.05	9.03	7.22	5.46	4.15
2012	8.17	10.27	8.42	6.33	4.83
2013	9.02	11.21	9.32	7.06	5.33
2014	9.97	12.52	10.19	7.96	5.86
2015	10.97	14.21	11.11	8.57	6.54
2016	12.04	15.49	12.14	9.57	7.50
2017	13.25	17.12	13.32	10.54	8.80

资料来源：2007～2018 年《北京区域统计年鉴》中各区年末平均工资，根据空间区域划分，通过对每个空间区域中包含各区的平均工资进行加权平均，得到各空间区域的平均工资，并以 2005 年为基年进行去通胀处理。

因此，北京市平均工资的空间分布具有较显著的中心集聚分布态势，即城区的工资水平高于郊区的工资水平，中心城区（东城区、西城区）的工资水平高于城区（朝阳区、海淀区、石景山区、丰台区），近郊区的平均工资水平高于远郊区的平均工资水平。

第三章 FDI 与产业结构关联互动的理论分析

本章对 FDI 与产业结构相关关系传统理论与新兴理论进行回顾与梳理，并在此基础上分析 FDI 对产业结构优化的作用机理，对 FDI 与产业结构关联互动进行理论分析，并探讨北京市 SFDI 的影响因素，为后文的研究奠定理论基础。

第一节 FDI 与产业结构相关关系理论基础

一、传统 FDI 与产业结构相关关系理论

（一）人口和资源禀赋论

在工业化初始阶段，自然资源和资源禀赋直接影响一国的产业结构。比较分析各国产业结构发展的历史，绝大部分的国家取得工业化发展和经济增长的条件是资源禀赋，在初中期阶段，资源禀赋的影响和作用都非常巨大。当初级产品的生产优势被制造业取代，初期向中期阶段过渡时，它的作用与影响就会趋于缩小。此时人口的质量即劳动力素质与产业结构之间存在正相关关系。在熟练劳动和高水平的管理能力下，边际资本的产出比率较高，等量的资本会产出比原来高的产量。FDI 的进入往往能通过增加东道国资本要素的存量改变东道国初始的禀赋条件，加速产业结构的演进。同时带给东道国先进的企业管理和职工培训，提高劳动者的素质，从而促进东道国产业结构的优化升级。

（二）雁行模式理论

日本经济学家赤松要（Kaname Akamatsu）提出了产业结构升级的雁行模式理论[①]，揭示了发展中国家通过产业高度化的方式参与国际分工，以达到经济的快速发展。该模型认为，工业发展落后的国家一般受发展资金不足以及生产力整体水平低下的限制，国内的技术水平往往较低，那些较先进的工业产品数量较少，一般无法满足消费者的需求。因此退而求其次，后进国家只能从发达国家引进先进技术，然后利用国内较为廉价的劳动力在国内组织生产，并将产品在组装后出口到相关国家。这种生产方式的典型特点便是先引进，然后再出口，具有折返性质，因此赤松要将这种生产模式称为雁行状态。

雁行模式指出，一国产业结构在经历由进口、进口替代、出口、出口替代的同时，产业结构也会从劳动资源密集型转变为技术密集型和资本密集型。这主要是因为随着进口量的增加，该类产业开始在国内生产，然后再出口，形成倒"V"形，酷似雁群高飞的形状。一般来说，首先是消费品产业出现"雁行模式"，因为该类产业附加值较低，其次生产资料产业出现该模式，最后全部制造业都呈现"雁行模式"。"雁行模式"的核心是动态产业转移理论。外资的投入和工业化程度的提高，某一产业会不断发展，然后又衰落，该类产业被转移到低一梯级的国家，这种产业升级的方式是通过发挥互补优势来实现的。而推动"雁阵"变化的主要力量是将要投资的产业转移到拥有资源和技术的国家。外商直接投资（FDI）有效地发挥了东道国的比较优势，FDI带来的资源，尤其是技术资产和技术管理，极大地促进了东道国新兴产业的建立和发展，使内向型的产业逐步地转变成出口导向型产业。赤松要的最终目的是揭示发展中国家的产业发展模式是一种"赶超式"的，并说明发展中国家如何通过参与国际分工实现高度化产业结构的过程。

在这种模式中，开放经济成为一国产业升级的原动力和上升空间，决定

[①]　雁行模式理论于 1935 年由日本学者赤松要提出。指某一产业，在不同国家伴随着产业转移先后兴盛衰退，以及在其中一国中不同产业先后兴盛衰退的过程。

了各国的产业转移方向。当一国经济发展较慢，技术水平落后时，只能依靠进口产品来满足国内的需求，当经济发展到一定程度后，技术水平得到了较大的提升，生产的本国产品可以完全替代进口产品，最终达到出口导向的程度，这是一个产业成长的过程，当然产业结构也相应地发生了转变，即由劳动密集型和资源密集型产业向技术密集型和资本密集型产业转变。一国产业的发展雁行模式展开，一般先在消费品行业中附加值较低的部门开展，而后逐渐由消费资料过渡到相关生产资料行业，在生产力进一步提升后，最终将转至制造业领域。当一国产业技术始于模仿国外技术时，证明该国生产处于进口阶段，该国市场仍以进口产品为主。当国内生产技术熟练后，逐渐进入下一个阶段，即对进口的国内替代阶段，此时随着国内生产力水平的提高，国内对于一般商品均能自行生产，故该阶段进口量明显下降；当国内生产不仅能满足国内需求更有产品剩余时，生产就进入出口阶段，产业结构越发成熟，经济随之迅速发展。

随着经济的对外开放程度加深，引进外资是产业发展的必经手段，外资的进入会导致创新型产业迅速发展，落后的产业逐渐被淘汰，并转移到低层次的国家和地区，通过产业转移，推动了产业结构升级，这也是雁阵变化的重要推动力量。外商直接投资会导致产业的系统性移植，而这种产业转移也伴随着一系列的相关措施，如营销协议、金融许可证等，这些因素也显著地影响着产业发展方向和产业结构的调整方式。因此，相对于静态模式，雁行理论则更具动态性。它主张在国际产业分工体系中，发达国家可以将较为成熟的落后产业转移至发展中国家，并通过这种垂直分工，促进自身利润的提升。

发展中国家也能在承接产业转移中获取经济发展和产业调整的双重收益。但这个理论也存在一定的局限性，对于发展中国家而言，这只是一个过渡阶段，是一种追赶模式而并非创新模式，存在很大的不确定性；另外，雁行模式容易造成被投资国的资本缺位。

（三）国际投资阶段发展理论

日本经济学家小泽辉智（Ozawa Terntomo）在赤松要雁行模式理论的基

础上提出了投资阶段发展论①，该理论的核心是强调全球经济结构特点对经济运行尤其是对投资的影响，而全球经济结构特点包括：①各国经济发展水平的科层结构明显；②各国经济结构升级和发展具有相应的阶段性；③每一个经济实体内部的需求方和供给方有差别；④企业是无形资产的创造者和交易者；⑤各国政策中有一种内向转外向的趋势。其中①说明利用外资和对外投资的速度和形式取决于经济发展水平的差异；而②则说明利用外资和对外投资经验的累积循序渐进地推动一个国家的产业结构升级。

发展中国家的产业结构变动具有一定的阶段性结构特征，这种阶段性特征主要由各个时期的科技水平和要素禀赋所决定。阶段特征总的变动方向是，产业由低级向高级演变，要素禀赋由劳动密集型向资源密集型转变，产品技术水平也由低科技含量向高科技含量转变。因此，发展中国家可以依据各自发展阶段的不同，结合要素的驱动性特征，选择与之对应的外商投资，进而引导产业结构朝着资本密集、科技密集、产业链高端的方向前进。

小泽辉智对 FDI 与不同经济发展阶段的国家工业化升级和经济增长之间的关系进行探讨，指出 FDI 的选择必须与国家发展阶段相适应，国际直接投资模式应该是一种资本的有序流动，并与经济结构变动相对应。要素（资源与劳动）驱动阶段国家吸引的 FDI 主要是劳动力导向型或自愿导向型；由劳动驱动阶段向投资驱动阶段过渡的国家，FDI 吸收主要在资本品和中间产品业中；由投资驱动阶段向创新驱动阶段过渡的国家，FDI 吸收将在技术密集产业中。发展中国家赶超发达国家并取得经济成功关键在于开发和利用经济发展的科层结构提供的外部性，该外部性为发展中国家提供了承接与学习发达国家所转移的技术和知识的机会。

（四）边际生产扩张理论

日本学者小岛清（Kiyoshi Kojimo）在 20 世纪 70 年代提出了边际产业扩张理论，他将研究的焦点从企业投资理论转换到产业对外投资理论②。小岛清

---

① Ozawa Terntomo. Foreign Direct Investment and Economic Development ［EB/OL］. Transnational Corporations，http：//www.unctad.org，1992.

② 小岛清. 对外贸易论 ［M］. 天津：南开大学出版社，1987.

也提出了比较成本的理论，该理论是建立在资源禀赋优势理论的基础上的，主要内容是投资国与东道国之间的比较成本差异广泛存在于资源、技术、市场等方面。小岛清认为，边际产业即为处于比较劣势的产业，而且这些产业多为劳动密集型产业，东道国在劳动密集型产业上具有比较优势。这样，投资国可以把劳动密集型产业转移到东道国，从而减少生产边际产业，将优势资源集中在优势产业；与此同时，东道国可以通过引进先进技术和管理方法，将比较优势转化为现实，同时能够提供较多的就业机会，有利于东道国的社会稳定和经济发展。在这个过程中，投资国不仅发展了东道国优势产业，其自身的比较优势也得到了充分的发挥，双方在实现贸易量增长的同时，调整和优化了双方的产业结构。因此，该类型的对外投资适用于更多的中小企业，这与当时日本对外投资的现实十分符合。与美国相比，日本对外投资主要集中在中小企业，而且日本的对外投资大多分布在劳动密集型行业，同时依照这些行业的比较成本来确定对外投资的顺序。小岛清认为，转移到发展中国家的产业结构的高度是由跨国公司自身产业的结构高度和比较优劣程度决定的，而比较利益决定着跨国公司是否进行对外直接投资。因此，该理论能够很好地说明发展中国家对外直接投资的原因和进行投资的行业，但它只以投资国为对象，没有考虑跨国公司的主动性，这与发展中国家对发达国家的逆投资和发展中国家间的水平投资的现实情况不符。

（五）以比较优势理论为基础的"贸易说"

站在新古典主义的角度上，外贸自由化会使穷国和富国都受益。富国向穷国提供资金、传授管理技术，穷国为富国提供低成本的原料和低价格的产品。因此，国际贸易的推动有利于利益在贫富国之间的分享。这一观点延伸和扩展了"需求说"，明确了调整贸易的根据是国际市场的变化。主要内容包括：一方面发挥本国禀赋优势、资源优势和技术优势，把本国产品打入国际市场；另一方面根据国际市场的变化，调整资本和劳动的比例进行生产结构的调整，从而实现贸易结构与生产结构之间的拉动关系增加国民收入，进一步提高国内资本形成率，转换和调整产业结构。

此外，该学说还认为推行调整和提升产业结构优化升级的依据和动因是实行替代或出口导向的贸易战略。发展经济学家认为，产业进口战略，是发展中国家在一定阶段中产业成长的必由之路，发展具有国内需求和出口能力的各种产业；通过出口导向战略，建立与发达国家竞争的各种产业，是发展中国家产业结构调整的趋势。因为推行出口导向战略，能按照禀赋所决定的比较优势，形成相适应的主导产业，并根据要素禀赋的提升转换产业结构。

（六）以国际转移为背景的"产业说"

阿瑟·刘易斯（1977）在《国际经济秩序的演变》一书中，以20世纪60年代发达国家为研究对象，当时在发达国家盛行这一现象：发达国家人口自然增长率下降，熟练技能劳动力不足，某些劳动密集型产业便转到发展中国家进行生产，并再从发展中国家进口该产品以降低产品成本。维农和赫希哲的产品生命周期以产品周期为研究对象，认为在产品成熟阶段和标准化阶段可以向国外低成本转移产业，从而东道国和投资国能进行产业转换和升级。从国际经营层面看，产品周期理论将各国优势产品和产业及其生命周期结合起来，分析国际贸易和国际活动的动因，从而将国际投资和产业联系起来。小岛清的边际产业扩展论，概括了日本对外投资进行国际产业转移，从而带动东亚地区产业结构"雁行"演进的过程，该理论主张投资国将已经处于或即将处于劣势的产业进行对外直接投资，规避产业劣势，提升产业结构。

从以上理论的梳理可以看出，关于外商直接投资对于东道国的经济增长和产业结构升级效应，多数学者是持肯定态度的。基本的共识是，FDI不仅能够提升发展中国家的经济发展水平，调整产业结构，而且也有利于发达国家提高资本效率，扩大海外市场。因而FDI无论对于流出国还是流入国均表现出双赢的特征。

二、新兴 FDI 与产业结构相关关系理论发展

然而，伴随着国际分工的深化和细化，传统国际投资理论已经无法充分解释现代国际直接投资领域出现的新现象、新问题，如发达国家之间相互直接投资规模日益增加，发展中国家开始向发达国家进行直接投资，其中以新兴工业化国家为代表。投资实践的变化推动了新兴直接投资与产业结构相关

关系理论的形成与发展。

（一）技术创新产业升级理论

20 世纪 80 年代中后期，发展中国家对外直接投资开始加速增长，尤其是新兴工业化国家与地区向发达国家投资的兴起。Cantwell 和 Tolentino（1990）、Tolentino（1993）通过对新兴工业国家与地区向发达国家对外直接投资活动的特点及发展模式进行研究，提出了发展中国家直接投资的技术创新产业升级理论，被称为技术累积理论或累积学习理论。

Cantwell 和 Tolentino 主要从技术累积角度出发，对发展中国家对外直接投资行为进行了解释，从而把对外投资这一过程动态化和阶段化。该理论主要内容包括：第一，发展中国家在吸引及利用外资的过程中，应对引进技术进行吸收、消化及改造创新，进而完全掌握引进技术，提升本国全要素生产率及企业竞争力。第二，发展中国家通过不断累积，在企业技术能力上不断提高，进而提升全要素生产率，实现发展中国家的产业结构升级。其中企业技术的提高是一个不断积累的过程，产业结构的升级则是这一累积过程的结果。第三，发展中国家企业技术水平的提升与它们对外直接投资的增长存在直接的相关关系。技术水平的提升和技术能力的累积不仅受发展中国家国内生产模式、产业结构和经济增长的影响，同时也受发展中国家对外直接投资行为及国际生产行为对本国产业转换和升级的影响，即发展中国家的企业尤其是处于国际化初期的企业，通过对外直接投资在海外创新能力较强地区进行生产和研发活动，不仅可以获得先进的技术信息，还可以对本国技术累积和创新产生正面溢出效应，进而推动本国产业结构升级。

技术创新产业结构升级理论强调以技术积累为内在动力，以投资区位拓展为基础的动态阶段性发展。指出发展中国家对外投资是一个从关系依赖型向技术依赖型发展的过程，也是对外投资的产业逐步实现升级的过程。发展中国家跨国公司对外直接投资受本国产业结构和内生技术创新能力的影响，对外直接投资的产业分布和地理分布会随着时间的推移而变化，这种变化是可预测的。发展中国家的对外直接投资产业分布和地理分布通常会遵循如下变化模式：①产业分布层面，常常是从以自然资源开发为主的纵向一体化生产行为转变到以进口替代和出口导向为主的一体化生产行为。②对外投资层面，从传统产业传统产品到高科技领域的生产与研发。③地理分布层面，发展中国家跨国公司的对外投资体现出"心理距离"的变化模式，从周边国家到发展中国家再到发达国家：先利用种族联系及区位联系，先在周边国家进行直接投资，随着投资经验的积累，从周边向其他发展中国家转移，累积到一定程度后选择向发达国家投资。

技术创新产业升级理论由于较全面地解释了 20 世纪 80 年代以后发展中国家，特别是亚洲新兴工业化国家和地区的对外直接投资现象，对发展中国家利用外资及对外投资进行产业结构升级、实现经济国际化提供了思路。

（二）技术地方化理论

在技术层面，虽然发展中国家跨国公司在一定程度上呈现出规模偏小、技术标准化、劳动密集型的特点，但技术形成过程中却包含发展中国家跨国公司内在的创新活动，具有自身特征及优势。英国经济学家 Lall（1983）基于印度跨国公司的竞争优势和投资动机研究，应用技术地方化理论对发展中国家对外投资行为进行了分析，提出发展中国家跨国公司的技术地方化理论。

技术地方化理论强调，发展中国家对发达国家的技术引进不是简单的模仿和复制，而是消化和学习、改进和创新。正是发展中国家企业的这种创新行为为引进技术的企业带来了新的竞争优势，从而提升了发展中国家企业的生产效率和竞争力，进而促进发展中国家的产业升级。

发展中国家能够通过对引进技术的消化、学习，进而创新形成具有自身异质性的独特优势，主要取决于以下几方面因素：首先，发展中国家具有相对价格较低的资源及要素价格，技术引入后，发展中国家将技术、知识与本国资源禀赋特征、要素价格与要素特征相结合，进而在消化学习的过程中将引进的技术、知识本土化，并使用本土化的技术、知识和本地要素价格进行生产经营，使产品形成具有本土特征的竞争优势。其次，生产过程和产品与本土供给、需求条件的紧密结合，发展中国家对进口的技术和产品进行一定的改造和创新，创新活动中所产生的技术在小规模生产条件下具有更高的经济效益，这也是发展中国家企业竞争优势的一个来源。最后，从生产产品特征来看，发展中国家企业结合自身特点，常常能开发出与名牌产品不同的消费品，尤其是当东道国市场规模较大、消费者的品位和购买能力具有较强异质性时，发展中国家的产品仍具有一定竞争力。

技术地方化理论强调，发展中国家对外国技术的改进、学习和吸收是一种主动的创新过程。正是这一创新过程给企业带来竞争优势，使发展中国家可以凭借这种竞争优势进行对外直接投资。该理论从微观层次解释了发展中国家可以通过具有自身个体特征的比较优势参与国际生产和经营，对发展中国家的对外直接投资行为和动机进行了深入阐述，但对发展中国家政府在企业国际化进程中的作用研究稍显不足。

（三）国际产业结构演变理论

经济学家 Edgar Malone Hoover 认为，国家或区域的经济增长存在阶段次序演进。所有的经济发展都经历自给自足阶段、乡村工业阶段、农业转化阶段、工业化发展阶段、服务业发展阶段。由于国家或地区经济发展水平与发展阶段的差异，导致不同阶段之间存在着不同产业的更替。由于分工的不同，同一产业的生产、技术开发、销售等环节可能分布在多个国家或地区，进而产生基于跨国公司的，由发达国家向发展中国家、由生产环节的上游向下游转移的趋势。

基于 Hoover 的研究，弗农（1966）提出了产品生命周期理论，用于解释国际直接投资的动机、时机与区位选择。新产品从上市起要经历产品创新、产品成熟和产品标准化三个阶段。对外直接投资是生产条件、竞争条件等区位因素变化的结果，其过程是技术领先优势与区位优势相结合的过程。随着新产品依次经历创新阶段、成熟阶段和标准化阶段，对应的投资区位也依次从最发达国家或地区转移到较发达国家或地区，再转移到欠发达国家或地区。东亚经济发展阶段的经济研究显示，世界范围内的工业发展和环境损害程度呈现出阶段性特征（Grossman 和 David，1991）。以劳动密集型产品为主的生产阶段，污染强度相对较低，环境损害程度不明显；以资源密集型产品为主的重化工业阶段，污染程度较高，对环境损害较大；以资本、技术密集型产品为主的电子工业阶段，污染程度和对环境的损害程度均有所降低。产业结构转化与升级是经济发展的必然过程，经济发展和技术进步为产业结构升级提供了基础条件，而产业结构升级又促进经济增长。由于国家与地区之间要素禀赋、经济发展模式与程度、产业基础不同，国家或地区间形成了产业结构发展程度上的差异。产业结构发展程度的差异及产业结构升级的需要，随着国际产业结构在国家之间的演进发展，污染密集型产业作为国际产业结构演进的一个必经阶段也在国家之间转移。通常由发达国家或地区向发展中国家或地区转移，或由产业结构发展程度相对较高的国家或地区，向产业结构发展程度相对较低的国家或地区转移。

（四）投资发展周期理论

投资发展周期理论是邓宁（1993）基于 20 世纪 80 年代对跨国公司与全球经济发展的研究，针对生产折衷理论缺乏动态分析的缺陷提出的。[①] 投资发展周期理论旨在从动态角度解释国家或地区的发展水平与国际直接投资之间的关系，其对发展中国家国际直接投资的分析较为突出，是邓宁国际生产折衷理论对发展中国家的应用与延展。

投资发展周期理论认为，国家或地区的对外直接投资与该国人均国民生产总值有显著的正相关关系。该理论动态描述了对外直接投资与经济发展之间的关系，指出跨国公司对外直接投资最主要的动机是获取战略性资源、发挥外资优势，为提升自身竞争力提供可能，而高效能战略性资源的利用反过来又进一步推进国内经济发展和产业结构调整。

作为国家或地区经济与产业结构发展程度的表征，人均生产总值对应了国际直接投资的发展阶段。当国家或地区的人均生产总值低于 400 美元时，国际对外直接投资趋近于 0；当国家或地区的人均生产总值处于 400～2000 美元时，对外直接投资额呈现出不同程度的增长趋势，增长幅度逐渐递减；当国家或地区的人均生产总值处于 2000～4750 美元时，对外直接投资进一步增长，同时其他国家的直接投资开始大量流入，但通常这一阶段的外资流入对

---

① 英国学者约翰·哈里·邓宁（John Harry Dunning）提出的"国际生产折衷理论"是目前世界上研究跨国公司理论的三大主要流派之一，投资发展周期理论是折衷理论的动态发展。

本国或本地区的经济发展影响并不显著；当国家或地区的人均生产总值达到4750美元以上时，对外直接投资进一步提升，其他国家的直接投资流入量进一步增加，但对外直接投资的绝对数额应远高于对内流入的数额。因此，从整体上看，国家或地区的对外直接投资能力与投资水平主要取决于该国家或地区的产值水平，即经济发展水平。

投资发展周期理论沿袭了邓宁关于国际生产的政治经济综合分析框架，认为一国或地区吸引直接投资流入和对外直接投资的数量除了受人均国民生产总值的影响外，还与一国或地区的政治经济制度、市场机制、法律体系、科技水平、教育水平、经济政策等因素相关；一国或地区的所有权优势、区位优势、内部化优势可以从国家、产业和企业三个层面进行研究，经济发展水平决定了所有权、区位和内部化的竞争力水平，同时所有权优势、区位优势和内部化优势的动态组合及三者间的消长变化又决定了一国的国际直接投资地位。

同时，国家或地区的对外直接投资主要以获取更优的国外资源、资产为投资目的。不同经济发展阶段的人均产值影响着对外直接投资总量与投资战略，而通过投资获取的技术、知识、资本等战略性资源又会作用于本国或本地区的竞争优势，提高生产率与产值，进而促进产业的调整与升级。

（五）全球学习效应理论

马修斯与金东顺（1999）基于韩国半导体企业成长和国际化的研究发现，学习能力和实现模仿创新的后发优势是中小企业发展的关键因素，后发新兴经济体借助联系、杠杆和学习效应进行对外直接投资，能够获取优质基础性资源并形成动态竞争优势，进而促进本国产业结构优化。

福肖（2002）基于对跨国公司国际化过程中学习问题的研究指出，外商直接投资及跨国公司的国际化成长，依赖于模仿性学习、外国直接投资技术与知识的承接、企业间合作以及专业人才的引进等方式。

全球学习效应理论强调外部积累的重要性，强调创新性学习模仿的核心作用。认为即便是处于优势地位的发达国家或地区，或具备国际直接投资技术、资本与知识优势的跨国公司，也需要不断地学习，并通过持续的积累来保持和提升自身的国际竞争地位。与发达国家或地区相比，发展中国家或地区由于自身发展阶段、资源禀赋、要素价格等因素，相比于发达国家更具备有利的外部积累条件。

新兴 FDI 与产业结构相关关系理论，主要着眼于发展中国家的直接投资问题和技术累积问题，更关注发展中国家尤其是新兴工业化国家的国际直接投资参与问题，同时研究层面更为微观化，在一定程度上是传统发达国家直接投资问题研究在发展中国家和微观层面的深化与发展。

第二节　FDI 对产业结构优化的作用机理分析

FDI 作为优质资本、先进技术和管理经验的载体，通过资本传导、技术溢出和竞争示范效应促进北京市产业结构的优化。SFDI 对产业结构最直接的优化是通过进入服务业的资本效应发生作用，作用于服务业内部结构的优化，同时通过产业关联方式作用于其他产业，从而实现整体产业结构的优化。SFDI 中的生产性服务业 FDI 同时兼具服务业和第二产业的特性，在作用于服务业的同时，也会直接作用于制造业，进而实现北京市产业结构的优化升级。

一、物质资本传导机理

SFDI 对服务业结构优化的物质资本传导机理主要通过两方面实现：一是从生产者角度来看，物质资本作为生产要素投入途径产生的传导作用；二是从消费者角度来看，物质资本的增加会增加资本存量、提高收入水平。

首先，物质资本是重要的生产要素，是劳动对象和劳动资料的价值形态。在横向资金的有机构成不变的情况下，投资规模的大小就决定了该产业的生产规模的大小和发展速度的快慢。在投资规模保持不变，但投资结构发生变化的情况下，产业的生产规模及结构也会发生变化。北京市服务业发展较快，服务经济已是北京市经济发展的核心内容。近年来，传统服务业发展速度相对减慢，高端服务业发展速度不断增快。北京市外商直接投资的流入与其他国际资本一样，都追求利润的最大化。因此，外商直接投资进入服务业，首先会选择获利空间较大、发展潜力好的服务业行业。随着北京市服务业部分行业试点开放及全面开放，外商直接投资的进入领域逐步放宽，外商投资的资本流入行业也发生了明显变化，从传统的餐饮服务业到知识技术密集的信息服务行业转向明显。随着外资的进入，为北京市服务业发展注入了物质资本，直接导致北京市服务要素投入结构发生变化，要素向知识、技术密集型的现代服务业、高端服务业转移，进而使高端服务业和现代服务业行业扩大，优化北京市服务业结构，进而作用于北京市产业结构。

其次，物质资本流入会增加人均资本存量、提高收入水平，进而推进消费结构的优化，逆向促进生产结构和产业结构的优化。尤其是服务业中生产性服务业 FDI 的流入，由于生产性服务业 FDI 同时具有服务业和第二产业的特征，生产性服务业外资的流入可以促进服务业的发展及优化，同时也能促进制造业的结构优化及发展。服务业发展的本身，在产业联动作用下，也会为制造业发展提供更好的前提条件。因此，生产性服务业 FDI 的流入，可以同时促进服务业和制造业的发展，整体促进北京市经济发展水平并提高总体收入水平。收入水平的提高，会产生收入效应，进而影响消费者需求结构的变动，需求结构的变动会逆向作用于生产结构，进而引发产业结构的变化。因此，收入水平的提高，不仅能提升服务消费的总量，还会促使消费结构的升级，使服务消费产品不断趋于高端化、多样化和个性化，逆向促使服务业生产结构高端化，使知识、科技密集型的新型服务业产量提高，还会促使新型服务部门的产生。同时，也会从需求端倒逼制造业的技术进步与产品升级。因此，收入水平的提升会促进服务业与制造业产品消费结构的优化，从餐饮、交通等传统服务业转向金融、保险信息等知识、科技密集型的高端服务业，从一般制造商品的消费转向高端制造商品的消费，进而提升服务业与制造业产品结构，实现北京市产业结构优化。

二、人力资本传导机理

人力资本是生产要素中的核心要素，在其他要素投入不变的情况下，投入人力资本质量高的行业，发展相对较快。北京市服务业外商直接投资带来的人力资本通常是集高素质、高质量与先进科技、管理经验为一体的载体，尤其是流入北京市科技服务业的资本，对北京市高端服务业、高端制造业生产效率的提升具有较大的促进作用，必将促使北京市高端服务业和高端制造业生产的规模进一步扩大，使其在北京市整个服务业和制造业的比重不断提高，进而优化北京市产业结构。

当SFDI进入北京市服务业后，无论何种投资以及何种合资方式，都需要雇用北京市本地员工，为了提高竞争力，都很重视对本地员工的培训。在京跨国公司由于其各方面的优势及先进的管理、薪酬体系吸引了很多高素质人才，同时在京外企向员工提供了大量的培训投资，这种人力资本投资不仅针对在职人员，还针对可能的潜在员工，以吸引优质人才未来到企业工作。如清华大学100多种奖学金，其中有一半是由外资企业提供的。这种人力资本投资对北京市的人力资本积累起到了一定的促进作用，并推进了北京市整体人力资本素质的提升。同时，受高薪制度的吸引，拥有高素质、先进管理经验的人力资本会不断流入知识、科技密集型的现代服务业和高端服务业，促进了高端服务业的发展，传统服务业也会因为劳动力的流失和高端服务业的相对加速发展而逐步降低其在服务业中的比重，进而促进服务业结构的高端化、高级化，实现服务业生产结构的优化。同理，生产性服务业FDI同时也为北京市制造业带来了先进的生产技术与管理经验，促进了制造业的优化升级。

三、技术溢出机理

首先，SFDI作为服务业外商投资，直接通过服务业内的技术溢出效应优化服务业内部结构。服务业FDI流入带来先进的科技、管理经验，在服务业内部形成技术溢出，一方面可以改变传统的劳动密集型服务业，提高其服务产品的附加值，使其由价值链低端向高端提升转变；另一方面也可以促进知识、科技密集型的现代服务业和高端服务业的发展，进而实现服务业内部结构的优化。北京市致力于发展外资总部经济，SFDI溢出的主要是先进的跨文化管理经验、服务经验和知识、科技等软技术。不同服务行业的软技术特色不同，如金融、咨询、会计等知识密集型服务业以知识、管理、经验交流为特色，而餐饮、旅游等传统服务业则以营销和服务技能为特色。

其次，SFDI中包含生产性服务业FDI，生产性SFDI与一般的服务业外商投资不同，它一方面通过对服务业的直接溢出效应，促进服务业结构升级；

另一方面通过对制造业的溢出效应，直接作用于制造业升级，进而实现产业结构的优化。制造业升级的同时，还会通过产业关联反作用于服务业结构。因此，生产性服务业 FDI 对服务业结构升级的作用包含直接和间接双重作用。北京市生产性服务业属于现代服务业范畴，近年来发展迅速，但跟国外相比仍存在一定差距。生产性服务业 FDI 进入北京，可提供高质量、高效率甚至有可能是价格更低的服务。因此，当 PSFDI 进入后，北京市制造业可能优先选择外资企业作为供应商，这种选择会间接提高制造企业对服务的要求。随着时间的推移，不断提高的要求和增大的需求，会使本土生产性服务企业为了寻求利润而通过学习、模仿来提高自身的服务质量和效率，以降低服务成本。进而通过外资的软技术溢出，本土生产性服务业得到发展。生产性服务业作为现代服务业的一种，其自身发展必然带动现代服务业的发展，服务业的结构得到优化。

随着服务业的发展，北京市已形成以服务经济为主体的经济发展模式。作为北京市现代服务业的重要组成部分，北京市生产性服务业与其他服务业的关联性日渐增强，在满足制造业需求的同时，也为其他服务业提供服务。北京市生产性服务业在直接作用于制造业的同时，其主要服务产品以知识和技术的形式作为中间产品投入相关服务业，进而提升这些相关服务行业的服务质量、水平和效率。因此，PSFDI 的先进技术通过中间服务扩散到相关产业的最终服务产品上，形成间接的技术溢出。溢出到相关的传统服务业时，会促进传统服务业服务质量、水平和效率的改善与提高，使其向知识、科技密集型服务行业转化。当作用于现代服务业时，本身知识密集程度较高的现代服务业可以进一步将知识转化为创造性更高的服务，促进现代服务业的进一步发展。

四、竞争示范效应

SFDI 进入北京服务业，加剧了服务产品市场的竞争，通过竞争效应和示范效应促进北京市服务业的结构升级和产业结构优化。

首先，SFDI 可通过竞争效应来降低服务市场产品价格，提高服务产品质量和服务效率，鼓励创新，促使新服务部门的产生。SFDI 相对于北京本土企业，具有先进的科学技术和管理经验，有较强的竞争力。当其进入北京市现代服务业产品市场时，一方面，会打破原有的市场格局，使竞争加剧，迫使原来占有较大市场份额的本土企业改进服务效率、提高服务质量、完善管理体系、提高生产效率、降低服务产品价格；或进行技术创新，采用更先进的技术，增加服务产品数量，进而通过规模经济来实现服务产品质量提升、价格下降来提高本土服务产品的竞争力。另一方面，SFDI凭借技术、资金、信息、管理、经验等优势，势必会对本土企业造成生存压力，本土企业被迫努力提高竞争力，通过改善经营管理、加大自主研发力度、完善用人机制、学习新服务流程、提高服务质量和服务效率，甚至开始从事新服务部门等方式来保持其服务业产品的市场占有率。通过优胜劣汰，那些努力改善技术水平，提高服务产品质量及效率，降低服务产品价格的企业生存下来；服务产品相对较差的市场出清，有效配置服务业资源，进而使知识、科技密集型的现代服务业和高端服务业规模不断扩大，比重不断上升，最终实现服务业增长与产业结构优化。

其次，SFDI可通过示范效应来提升本土服务业的服务质量和服务效率，加速本土服务业的结构优化。服务业作为现代服务业的重要组成部分，其外资服务产品的生产、销售和消费密不可分。因此，在京SFDI尤其是以合资方式进入的SFDI很难做到对自身技术、知识与服务技能、管理营销经验完全"保密"。与外资服务产品相比，本土现代服务业和高端服务业在服务产品技术、管理经验和服务水平方面仍存在一定差距，甚至一些新型服务业部门尚未出现。当SFDI进入本土服务市场时，一般会获取较高的利润，本土企业在市场竞争压力及超额利润的驱使下，必然会努力通过模仿和学习外资企业的优势技术、知识及管理经验，来提升自身服务产品质量与服务水平，从事本土尚未出现或已有但不具备优势的新型服务产品生产，不断提升自身服务技能，促进本土新型现代服务业和高端服务业的发展。从资源配置角度来看，这也将促使服务业资源由传统服务业向新型现代服务业和高端服务业转移，从劳动密集型转向知识密集型，现代服务业和高端服务业比重也将随之不断上升，最终实现服务业结构升级与产业结构优化。

同理，北京市生产性服务业FDI对制造业会起到同样的竞争示范作用，在促进服务业升级的同时，直接作用于制造业升级，实现北京市产业结构优化。

为了探寻 FDI 与就业结构两者之间的关联互动关系及作用机理，进而了解 FDI 与就业之间的关联互动机制及作用机理，以及影响 FDI 与就业结构关系的可能因素，这里构建一个两部门、两国家的开放经济模型。由于就业结构可通过就业数量、就业产出（GDP）和就业质量因素来刻画，就业质量又可通过就业工资、技术水平来刻画，这里通过 FDI 与就业、产出、工资、技术水平间的动态关系来探讨 FDI 与就业结构之间的关联互动及其互动机理。

模型假定如下：

（1）开放经济：全球市场中的开放经济。

（2）两部门：包含居民和厂商两部门。

（3）两国家：包含本国和外国两个国家。

（4）总投资由国内投资（D）和外商直接投资（FDI）两部分构成。

（一）居民行为

预算约束下，居民会选择每一时点上的消费和就业组合来实现一生效用的最大化。这里居民的效用水平为：

$$E(U_t) = \sum_{t=0}^{\infty} \beta^t \left(\frac{1}{1-\sigma} C_t^{1-\sigma} - \frac{1}{1+\omega} L_t^{1+\omega} \right) \tag{3-1}$$

$$\text{st. } P_t C_t = w_t L_t + D_{D,t} \tag{3-2}$$

其中，C_t 指居民的消费水平，$D_{D,t}$ 指居民获得的厂商剩余利润。

（二）厂商行为

$$Y_t = A_t (K_t)^{\alpha} (L_t)^{1-\alpha} \tag{3-3}$$

其中，A_t 为第 t 期的技术水平，L_t 为第 t 期的劳动投入水平，K_t 为第 t 期的资本投入水平，包括国内固定资产投资和 FDI 两部分。

假定国外投资（FDI）和国内固定资产投资两者具有相同的折旧率，都是 δ，则国内资本和国外资本可表述为：

$$K_{D,t+1} = (1-\delta) K_{D,t} + I_{D,t} \tag{3-4}$$

$$K_{F,t+1} = (1-\delta)K_{F,t} + I_{F,t} \tag{3-5}$$

其中，$K_{D,t}$ 为第 t 期固定资产国内投资累积部分；$K_{F,t}$ 为第 t 期固定资产国外 FDI 累积部分；$I_{D,t}$、$I_{F,t}$ 分别为第 t 期的国内固定投资和国外 FDI 流入。

假定每一期的国内投资和国外 FDI 流入都满足：

$$I_{F,t} = \gamma I_{D,t} \tag{3-6}$$

若初始的资本存量为零，则国内投资累积和国外 FDI 累积满足：

$$K_{F,t} = \gamma K_{D,t} \tag{3-7}$$

假定厂商支付工资和投资后的剩余利润，按照居民持有资本的份额进行分配：

则厂商利润为：

$$\Pi_t = P_t Y_t - w_t L_t - (P_t I_{D,t} + P_t I_{F,t}) - D_t \tag{3-8}$$

其中，P_t、w_t、L_t 分别为第 t 期的价格指数、工资水平和就业水平，D_t 为总股利，包括国内居民的股利 $D_{D,t}$ 和国外居民的股利 $D_{F,t}$ 两部分：

$$D_t = D_{D,t} + D_{F,t} \tag{3-9}$$

国内股利与国外股利之间的关系满足以下条件：

$$D_{F,t} = \gamma D_{D,t} \tag{3-10}$$

（三）均衡状态

假定 $A_t = 1$，$P_t = 1$，则均衡状态满足以下方面：

消费满足：

$$C = \frac{(1-\beta+\delta\beta-\delta\alpha\beta)^{\frac{\omega}{v+\omega}}(\alpha\beta)^{\frac{\alpha+\omega}{v+\omega-\alpha v-\alpha\omega}}(1-\alpha)^{\frac{1}{\alpha+\omega}}}{(1-\beta+\delta\beta)^{\frac{\omega+\alpha}{v+\omega-\alpha v-\alpha\omega}}} \tag{3-11}$$

公司产出满足：

$$Y = \frac{1-\beta+\delta\beta}{1-\beta+\delta\beta-\delta\alpha\beta}C \tag{3-12}$$

资本满足：

$$K_D + K_F = \frac{\alpha\beta}{1-\beta+\alpha\beta}Y \tag{3-13}$$

$$I_D + I_F = \delta(K_D + K_F) \qquad (3-14)$$

由 K 表示的国内居民股利满足:

$$D_D = \frac{1}{1+\gamma} \frac{1-\beta}{\beta}(K_D + K_F) \qquad (3-15)$$

由 α、β 和 δ 表示的工资满足:

$$\left(\frac{\alpha\beta}{1-\beta+\delta\beta}\right)^{\frac{\alpha}{1-\alpha}} L = Y \qquad (3-16)$$

由 C 表示的国内居民股利满足:

$$D_D = \frac{1}{1+\gamma} \frac{\alpha(1-\beta)}{1-\beta+\delta\beta-\delta\alpha\beta} C \qquad (3-17)$$

资本满足:

$$K_F = \gamma K_D \qquad (3-18)$$

$$I_F = \gamma I_D \qquad (3-19)$$

(四) 动态研究

为了进一步探讨 FDI 变化对就业、产出、技术水平等经济方面的影响,对模型进行对数线性化处理,最后整理得到 FDI 的动态表达式为:

$$\frac{1}{(\delta-1)}K_{\hat{F, t+1}} + K_{\hat{F, t}} = \left[\frac{\eta(\delta-1)+\alpha}{\alpha\eta(\delta-1)}\hat{Y_t} - \frac{1}{\eta(\delta-1)}(1-\eta)\hat{Y}_{t+1}\right] +$$

$$\left\{\begin{array}{l}\frac{1}{\eta(\delta-1)}(B+1)\hat{L}_{t+1} - \\ \left[\frac{\alpha+(1-\alpha)\eta(\delta-1)}{\eta\alpha(\delta-1)} - \frac{B(1+\gamma)}{\eta\gamma(\delta-1)}\right]\hat{L}_t\end{array}\right\} +$$

$$\frac{1}{\eta(\delta-1)}A \qquad (3-20)$$

其中,工资与劳动的关系满足:

$$\hat{w}_t = B\hat{L}_t \qquad (3-21)$$

系数 B 的表达式为:

$$B = \frac{(2I_D + 0.5\omega I_D + \omega L)(1+\gamma) + (2C+0.5\omega C)(\sigma-\gamma+\gamma\sigma) - (1+\alpha-0.5\omega)Y}{1.5I_D(1+\gamma) + 1.5C(\sigma-\gamma+\gamma\sigma) - (0.5+\alpha)Y - (1+\gamma)\omega L}$$

$$(3-22)$$

从式（3-20）可见，FDI的变化会深刻影响产出水平、就业水平和技术水平。因此，FDI的变化与就业、产出（GDP）、工资、技术水平的变化之间存在互动效应。也就是说，FDI与就业结构之间存在关联互动关系，其作用机理如式（3-20）、式（3-21）、式（3-22）所示。

第三节　FDI与产业结构关联互动影响因素分析

一、模型设定与数据来源

（一）模型的设定

从理论分析可见，对FDI与就业结构关系的可能影响因素包括：产出、国内资本投入（固定资产投资）、工资水平、技术水平、开放程度等。此外，制造业FDI的流入对SFDI可能会产生影响，为了进一步确定北京市SFDI的影响因素，设定计量模型如下：

$$\ln SFDI_t = \beta_0 + \beta_1 \ln SGDP_t + \beta_2 \ln SEMP_t + \beta_3 \ln INF_t +$$
$$\beta_4 \ln SWAGE_t + \beta_5 \ln RD_t + \beta_6 \ln MFDI_t +$$
$$\beta_7 OPEN_t + \beta_8 GOV_t + \varepsilon_t \qquad (3-23)$$

其中，t为年份。$SFDI_t$为第t期服务业实际使用外资金额。$SGDP_t$为服务业产出，同时也表征了市场规模，由服务业年产值度量。$SEMP_t$为服务业劳动力投入人数，为服务业年末就业人数。INF_t为城市固定资本投入，用年固定资产投资来表示。$SWAGE_t$为服务业工资水平，用年平均工资度量。RD_t为技术水平，用年R&D投入表示。$OPEN_t$为开放程度，用年进出口总额与城市GDP的比率来表示。对外开放使经济体的各个行业可以充分参与国际分工，进而可能影响具有先进技术、管理经验的服务业FDI的流入。GOV_t为政府干预指标，用城市政府年支出与城市年GDP的比率来进行度量。政府干预改变了资源配置的主体与机制，打破了国有经济垄断，释放了先进生产力，促进了资源配置效率及产业结构升级，进而可能影响国外投资向服务业的聚集。

考虑到制造业 FDI 的流入也可能会对服务业 FDI 的流入产生影响，因此，模型中加入 $MFDI_t$，用北京市制造业实际利用外资额度量。

（二）数据说明

选取 2006～2017 年的北京市数据，服务业 GDP、SFDI、MFDI、服务业工人平均工资、固定资本投入、研发投入变量均以 2006 年为基年进行去通胀处理，以当年平均汇率进行汇率转换。所有数据来自《北京统计年鉴》《北京区域统计年鉴》和《中国统计年鉴》，计量分析软件使用 Stata15。

将原始数据去通胀、转换汇率，并按式（3－23）进行对数处理后，数据呈现出如表 3－1 所示的统计特征，从平均值、标准差、最大值和最小值来看，数据整体标准差都较小，数据分布较为集中，无异常值。

表 3－1　变量统计特征

变量	数量	平均值	标准差	最小值	最大值
ln$SFDI$	12	6.137193	0.508819	5.617643	7.340753
ln$SGDP$	12	9.683674	0.394912	9.025528	10.224620
ln$SEMP$	12	6.696527	0.152263	6.452049	6.912942
lnINF	12	8.653092	0.333341	8.123113	9.083323
ln$SWAGE$	12	2.079301	0.348844	1.556851	2.577292
lnRD	12	6.801430	0.431551	6.070710	7.349086
ln$MFDI$	12	4.144106	0.319071	3.599078	4.668897
$OPEN$	12	1.251670	0.318082	0.726639	1.677810
GOV	12	0.200801	0.031007	0.156009	0.249591

二、实证分析

（一）数据平稳性检验

由于非平稳序列的回归会产生伪回归问题，为保证回归结果的准确性，在对序列进行回归前先对各序列的平稳性进行检验。这里采用 ADF 检验（Augmented Dlckey－Fuller Test）对以上变量做单位根检验。ADF 检验的原假设是序列存在单位根，检验结果若不能拒绝原假设即表明序列存在单位根，是非平稳序列；若能拒绝原假设则表明序列为平稳序列。ADF 检验结果如表 3－2 所示，各变量水平值的 ADF 检验显示均为不平稳。

表 3－2　变量水平值 ADF 平稳性检验

变量（水平）	ADF 检验	T 值	P 值	平稳性
ln$SFDI$	(C，T，0)	0.075	0.9949	不平稳
ln$SGDP$	(C，T，0)	−0.587	0.9796	不平稳
ln$SEMP$	(C，T，0)	−2.224	0.4762	不平稳
lnINF	(C，T，0)	−2.249	0.4626	不平稳
ln$SWAGE$	(C，T，0)	−2.410	0.3745	不平稳
lnRD	(C，T，0)	0.439	0.9967	不平稳
ln$MFDI$	(C，T，0)	−2.289	0.4402	不平稳
$OPEN$	(C，T，0)	−2.314	0.4264	不平稳
GOV	(C，T，0)	−2.477	0.3395	不平稳

注：C、T 和 K 分别表示常数项、时间趋势和滞后阶数，N 表示没有常数项或时间趋势。

对变量取一阶差分并进行平稳性检验，为了能够准确确定变量一阶差分后的平稳性，这里分别进行 ADF 检验及 PP 检验，检验结果如表 3－3 所示。

表 3－3　变量一阶差分平稳性检验

一阶差分	ADF 检验	统计量	平稳性	PP 检验	平稳性
dln$SFDI$	(C，T，0)	−4.006***	平稳	−3.985***	平稳
dln$SGDP$	(C，T，0)	−3.854**	平稳	−3.924**	平稳
dln$SEMP$	(C，T，0)	−5.216***	平稳	−5.841***	平稳
dlnINF	(C，T，0)	−4.678***	平稳	−6.609***	平稳
dln$SWAGE$	(C，T，0)	−7.086***	平稳	−9.595***	平稳
dlnRD	(C，N，0)	−4.205***	平稳	−4.408***	平稳
dln$MFDI$	(C，N，0)	−2.643*	平稳	−2.569*	平稳
d$OPEN$	(C，T，0)	−4.127***	平稳	−4.671***	平稳
dGOV	(C，N，0)	−3.191**	平稳	−3.259**	平稳

注：***、**、*分别表示在 1%、5%、10%的水平上显著；C、T 和 K 分别表示常数项、时间趋势和滞后阶数，N 表示没有常数项或时间趋势。

由表 3－3 可见，ADF 检验和 PP 检验都显示，变量取一阶差分后在 10％

的显著性水平下平稳。因此，原序列是一阶平稳序列（$I_{(1)}$），符合回归变量平稳序列的要求。

（二）格兰杰因果分析

对于因果关系的确定，对变量进行基于 F 检验和卡方检验的格兰杰因果检验，由表 3－4 可见，北京市服务业产出（dlnSGDP）、基础设施投资（dlnINF）、研发投入（dlnRD）、开放程度（dOPEN）和政府干预（dGOV）在两种检验方式下结果一致，都是显著拒绝原假设，均为北京市 SFDI 的格兰杰原因，即为北京市服务业实际利用外资的影响因素。服务业工资水平（dlnSWAGE）在两种检验方式下都显著接受原假设，即北京市服务业工资水平不是 SFDI 流入的格兰杰原因，服务业工资水平对服务业实际利用外资没有明显的影响作用。

表 3－4　格兰杰因果检验

名称	滞后阶数	F 统计量	格兰杰原因	卡方统计量	格兰杰原因	结论
dlnSGDP	1	−10.88**	是	15.55***	是	是
dlnSEMP	3	0.8339	否	−0.0648*	是	否
dlnINF	3	78.71*	是	1889.15***	是	是
dlnSWAGE	3	0.16	否	3.9	否	否
dlnRD	1	19.9***	是	28.43***	是	是
dlnMFDI	3	1.42	否	34.05***	是	否
dOPEN	3	2.79***	是	66.87***	是	是
dGOV	3	0.64**	是	15.35**	是	是

注：***、**、*分别表示在1%、5%、10%的水平上显著；原假设为解释变量不是被解释变量的格兰杰原因。

其中，服务业就业人数（dlnSEMP）和制造业外商直接投资（dlnMF-DI）在 F 检验下显著接受原假设，在卡方检验下显著拒绝原假设，两种检验方式下结论不一致。通常情况下两种检验结果一致，但卡方检验通常更适合于大样本检验，这里的样本容量为小样本，因此更倾向于 F 检验的结论，即北京市服务业就业人数和北京市制造业 FDI 不是北京市服务业实际利用外资的格兰杰原因，为了进一步确认，将进行回归分析。

（三）回归分析

初步回归分析结果如表 3—5 所示，但这里并未考虑异方差和自相关问题。可能存在的异方差和自相关问题将影响回归结果的准确性和可信度。

表 3—5　一般回归结果

dln$SFDI$	系数	标准差	T 值	P 值	95%置信区间	
dln$SGDP$	−4.063975	10.210180	−0.40	0.729	−47.99486	39.86691
dlnINF	1.530400	4.503041	0.34	0.766	−17.84462	20.90542
dln$SEMP$	−13.682120	18.486730	−0.74	0.536	−93.22408	65.85984
dln$SWAGE$	2.248344	3.047239	0.74	0.537	−10.86287	15.35955
dlnRD	0.658356	9.970514	0.07	0.953	−42.24131	43.55802
d$OPEN$	0.341455	1.745656	0.20	0.863	−7.169497	7.169497
dGOV	17.321930	20.152790	0.86	0.481	−69.38852	104.0324
dln$MFDI$	0.435567	0.582887	0.75	0.533	−2.072395	2.943528
_ cons	0.645644	0.626883	1.03	0.411	−2.051614	3.342902

由于异方差和自相关会影响回归结果的准确性与科学性，这里对表 3—5 的回归结果进行异方差检验，怀特检验结果如表 3—6 所示。怀特检验的原假设为同方差，即不存在异方差假定。这里检验 P 值为 0.3201，接受原假设，即表 3—4 的回归中不存在异方差问题。

表 3—6　怀特检验

来源	chi2	df	P 值
Heteroskedasticity	11.00	10	0.3575
Skewness	10.22	8	0.2502
Kurtosis	0.09	1	0.7637
总计	21.31	19	0.3201

排除异方差问题后，再对表 3—5 的回归结果进行自相关检验。自相关检验分别采取 BG 检验和 DW 检验，表 3—7 显示了两种检验的结果，其中 BG

检验的 P 值为 0.081，拒绝不含自相关的原假设，因而，原方程变量存在自相关的问题。DW 统计量为 1.602863，与不存在一阶自相关的 DW=2 存在一定差异。

表 3-7　自相关检验

BG 检验	lags（p）	chi2	df	Prob>chi2
	1	7.018	1	0.081
DW 检验	Durbin-Watson d-statistic（9，11）=1.602863			

为了减少自相关问题的影响，这里采用广义最小二乘法（FGLS）对模型进行估计。FGLS 估计两种方法的估计结果如表 3-8 所示。

表 3-8　FGLS 模型估计

dln$SFDI$	CO 估计方法			PW 估计方法		
	系数	标准差	P 值	系数	标准差	P 值
dln$SGDP$	2.07150	2.237575	0.059	3.211526	9.241609	0.787
dlnINF	10.04324	0.764092	0.048	1.915649	2.167304	0.539
dln$SEMP$	-4.70376	1.880853	0.242	4.962994	10.797330	0.726
dln$SWAGE$	1.26817	0.864835	0.049	-0.667879	2.500323	0.834
dlnRD	-3.19854	1.027246	0.198	-7.132117	6.232017	0.457
d$OPEN$	3.04161	0.247767	0.052	0.613359	0.864482	0.607
dGOV	6.75040	2.724384	0.050	9.815655	14.137940	0.614
dln$MFDI$	0.456716	0.062859	0.087	-0.040640	0.336177	0.923
_cons	1.24410	0.085506	0.044	0.263352	0.356834	0.595
rho	-0.30174			-1.288078		
DW 统计量	原始=1.602863 调整后=2.142265			原始=1.602863 调整后=2.539513		

估计结果显示，采用 CO 估计方法，去除自相关因素后模型估计的 DW 统计量由原来的 1.602863 调整至 2.142265，与不存在一阶自相关时的 DW=2 的数值更为接近。采用 PW 估计方法，去除自相关后调整后的 DW 统计量为 2.539513，比 CO 估计方法的 DW 值更高一些，比较调整后的两个 FGLS

模型，CO估计方法的结果更为有效。估计结果显示，北京市SFDI受服务业产出、基础设施投资、服务业工资水平、开放程度、政府干预和制造业FDI的影响。服务业就业、研发投入对SFDI的影响不显著。

三、结果分析

研究结论表明，北京市SFDI受服务业产出、基础设施投资、服务业工资水平、开放程度、政府干预和制造业FDI等因素的影响。其中服务业产出、基础设施投资、服务业工资水平、开放程度、政府干预和制造业FDI对北京市SFDI呈显著的促进作用。服务业劳动力、北京研发投资因素的影响不确定。

服务业产出也表征着市场规模和服务业发展规模，以GDP度量的市场规模显著促进了北京市SFDI的流入，说明经济发展程度越高市场规模越大，越能吸引外资流入。这一结论证实了北京市金融业FDI、高科技产业FDI和高端服务业FDI在北京市东城区、西城区、海淀区、朝阳区的集聚。

基础设施建设水平在某种程度上反映了城市经济发展水平及城市外部环境的发展程度，基础设施建设程度越高越能吸引外资流入，这可以作为改善引资环境的参考，尤其是北京市郊区的服务业引资。

服务业工资水平在一定程度上表征了服务业的发展层次和服务业的劳动力素质，服务业劳动力工资水平能显著地促进SFDI的流入，在一定程度上说明产业发展层次越高越成熟，产业劳动力素质越高就越能吸引外资的流入。

开放程度表征了北京市对外开放的程度，对外开放程度越高越能吸引外资流入。

北京市作为全国首个试点服务业开放城市，为服务业外资的进入创造了良好的外部环境，构建了多层次的引资政策体系。研究结果表明，外部政策环境越友好越能促进外资流入。

制造业FDI对服务业FDI的流入有显著的正向促进作用，说明北京市制造业与服务业之间存在较紧密的产业关联，制造业FDI的增加在带动制造业发展的同时也会促进服务业FDI的流入，进而促进服务业的发展。这个检验结果也证实了服务业FDI追逐制造业FDI的说法。

研发投资对 SFDI 流入的影响不显著，说明北京市研发投入与服务业外资流入之间并无明显的关联关系。

劳动力数量对 SFDI 流入的影响不明确，说明 SFDI 对劳动力的数量不敏感。北京市 SFDI 通常包含先进的技术、服务理念和国际化管理经验，尤其是流入高端服务业、高科技行业和新兴行业的 FDI，其对劳动力质量要求更敏感。

第四章　基于SFDI的产业结构优化研究

本章拟从北京市三次产业结构优化，北京市全要素生产率的知识、技术进步水平以及北京市产业结构的空间分布三个层面，来探讨基于SFDI的北京市产业结构优化效应。

第一节　产业结构优化：三次产业层面

三次产业结构优化包括三次产业结构的高级化和三次产业结构的合理化。三次产业结构的高级化即产业结构升级，也就是经济发展重心依次由第一产业向第二产业和第三产业转移的过程；三次产业结构的合理化即资源在各产业间的协调利用程度。本节拟从北京市三次产业结构的高级化与合理化两个层面来探讨SFDI对北京市产业结构优化的影响。

一、模型设定与数据说明

（一）理论模型设定

产业结构高级化的本质是产业比重重心的变化，即第一产业和第二产业比重依次降低，第三产业比重不断提升，产业升级的过程也是服务业在三次产业中比重不断上升的过程。对于产业结构高级化，通常基于克拉克定律的非农产值比重作为产业升级的度量。但近年来我国经济发展已步入"服务经济"时代，北京市的经济发展更是以服务经济为重要特征和核心驱动力，其主要特征就是服务经济的占比及增长率要远大于第二产业的占比及增长率

（吴敬琏，2008）。因此，这里采用第三产业与第二产业的产值之比作为北京市产业结构的度量，这度量也能清晰地表征北京市服务经济发展情况，如果二者比值处于上升趋势，则表征北京市产业结构在不断升级。

产业结构合理化主要度量产业间的聚合质量，主要表征资源在三次产业之间的协调程度和有效利用程度，即资源作为要素投入三次产业与三次产业的产出之间的耦合程度。通过对产业结构的偏离度进行度量来刻画产业结构的合理化程度。

$$E = \sum_{i=1}^{n} \left| \frac{Y_i/L_i}{Y/L} - 1 \right| = \sum_{i=1}^{n} \left| \frac{Y_i/Y}{L_i/L} - 1 \right| \qquad (4-1)$$

其中，E 为偏离度，Y 为产值，L 为就业，n 为产业部门数。Y/L 为生产率。

当经济均衡发展时，各个产业部门的 Y_i/L_i 生产率与总体的生产率 Y/L 应处于相等的状态，则 E 值为零。E 值越大，经济偏离均衡状态越远，产业结构越不合理。但发展中国家的经济非均衡是一种常态（Chenery 等，1989），非均衡在我国的三次产业中也表现得尤为明显，尤其是近年来服务业的迅猛发展，服务经济已成为经济发展的主要模式。服务业尤其是高端服务业是北京市产业发展的核心内容，因此，E 不可能为 0。单纯的偏离指标忽视了各产业的重要程度，因此，泰尔熵指数（Theil 和 Henri，1967）被引入产业结构合理性的研究中（干春晖等，2011），产业结构合理化指标调整为：

$$E' = \sum_{i=1}^{n} (Y_i/Y) \ln\left(\frac{Y_i/L_i}{Y/L}\right) \qquad (4-2)$$

如果经济处于均衡状态，$E' = 0$，但式（4-2）考虑了产业的相对重要性，并不需要绝对值计算。本节研究将采用式（4-3）的产业结构合理化指标计算方式。

产业结构高级化：

$$ISA_t = \frac{SGDP_t}{MGDP_t} \qquad (4-3)$$

其中，ISA_t 为第 t 期产业结构高级化指标，$SGDP_t$ 为第 t 期服务业产值，$MGDP_t$ 为第 t 期第二产业产值。

产业结构合理化界定如下：

$$ISR_t = \sum_{i=1}^{n} (GDP_{it}/GDP_t) \ln\left(\frac{GDP_{it}/EMP_{it}}{GDP_t/EMP_t}\right) \qquad (4-4)$$

其中，ISR_t 为第 t 期产业结构合理化指标，GDP_{it} 为第 i 产业第 t 期产值，GDP_t 为第 t 期三个产业总产值，EMP_{it} 为第 i 产业第 t 期就业，EMP_t 为第 t 期三个产业的总就业，$n=1$，2，3。

（二）计量模型设定

为了探讨 SFDI 对北京市产业结构优化的影响，以钱纳里等（1988）提出的半对数模型为基础构建以下计量模型：

$$ISA_{it} = \alpha_0 + \alpha_1 \ln SFDI_{it} + \varepsilon_{it} \qquad (4-5)$$

$$ISR_{it} = \beta_0 + \beta_1 \ln SFDI_{it} + \varepsilon_{it} \qquad (4-6)$$

其中，$SFDI$ 为北京市服务业实际利用 FDI 数额。由于 SFDI 数据占实际总固定资产比重较小，可能会导致计算的结果误差较大，为了更好地度量 SFDI 对产业结构高级化和合理化的影响，这里选用北京市服务业实际利用 FDI 的值来度量。

由于诸多因素会影响北京市产业结构的高级化与合理化，SFDI 只是其中一个影响因素，想要准确地表征 SFDI 与北京市产业结构高级化和合理化之间的关系，就要用控制变量来表征其他因素的影响。由于现实经济中影响因素过多，控制变量选择科学性与随意性较难控制，为了避免控制变量选择不当影响研究结果的科学性与准确性，这里应用产业结构高级化（或合理化）与 SFDI 的交互项[①]来回避控制变量的选用，进而将计量模型设定为：

$$ISA_{it} = \alpha_0 + \alpha_1 \ln SFDI_{it} + \alpha_2 (ISA_{it} \times \ln SFDI_{it}) + \varepsilon_{it} \qquad (4-7)$$

$$ISR_{it} = \beta_0 + \beta_1 \ln SFDI_{it} + \beta_2 (ISR_{it} \times \ln SFDI_{it}) + \varepsilon_{it} \qquad (4-8)$$

为了消除个体效应，对式（4-7）和式（4-8）两边进行一阶差分，得到模型如下：

$$\Delta ISA_{it} = \alpha_0 + \alpha_1 \Delta \ln SFDI_{it} + \alpha_2 (\Delta ISA_{it} \times \Delta \ln SFDI_{it}) + \varepsilon_{it} \qquad (4-9)$$

$$\Delta ISR_{it} = \beta_0 + \beta_1 \Delta \ln SFDI_{it} + \beta_2 (\Delta ISR_{it} \times \Delta \ln SFDI_{it}) + \varepsilon_{it} \qquad (4-10)$$

由于 SFDI 的提升能够促进产业结构的高级化与合理化，而产业结构的高级化与合理化也能作用于 SFDI 的提升，因此，这里存在内生性问题。同时，

---

① 这里借鉴干春晖等（2011）在分析地区经济差距和经济增长关系时，为避免控制变量选择不当的问题，而直接利用增长与产业结构的交互项进行控制的做法。

在选择变量时，不可避免地会遗漏一些不可观测的因素，也会产生偏差问题。

为了解决内生性问题及变量选择可能对估计结果产生的偏差，这里借鉴 Frank（2005）提出的方法，应用解释变量的滞后项作为工具变量进行估计，同时对所选的工具变量进行过度识别检验，以避免工具变量过度的问题。

（三）数据描述

研究变量选自北京市 2006～2017 年数据，其中计算产业结构高级化（ISA）的第二产业产值、服务业产值以及计算产业结构合理化的北京市三次产业总产值、三次产业产值、三次产业年末就业人数，北京市服务业实际利用外资均来自《北京统计年鉴》《北京区域统计年鉴》。原始数据根据当年汇率进行汇率转换，并以 2005 年为基年进行去通胀处理。计量分析使用软件 Stata 15。

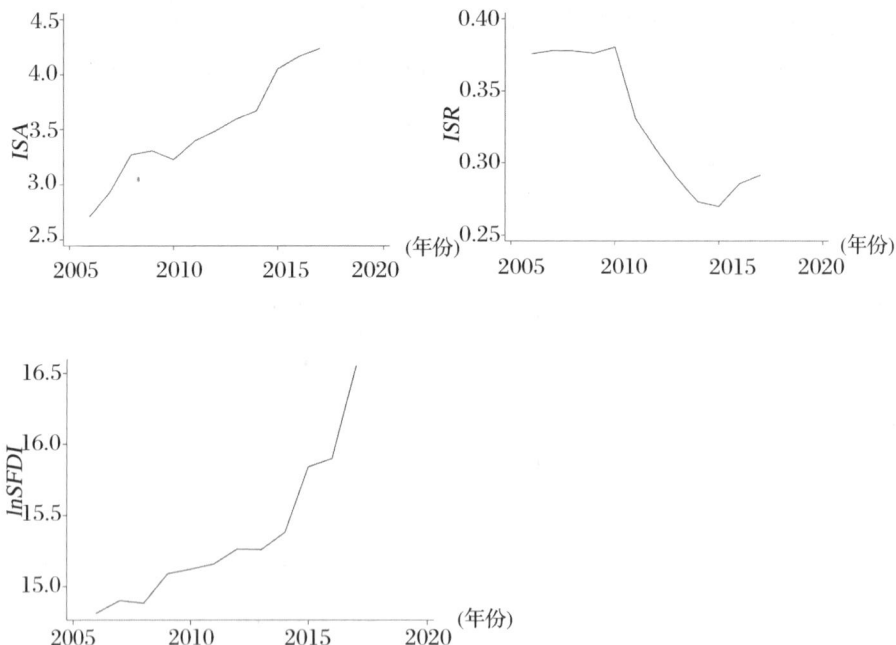

图 4－1　变量时间趋势

北京市产业结构高级化（ISA）、产业结构合理化（ISR）及 SFDI 的时间趋势如图 4－1 所示。从时间趋势可见，产业结构高级化总体呈现出不断上升的趋势，SFDI 则显示出相对较为明显的时间趋势，2006～2017 年，产业结构高级化程度不断提高，SFDI 的实际利用额度也不断提高。产业结构合理化的程度总体上也在提升，体现在 ISR 数值的降低上，但整体上时间趋势不明显。

二、实证分析

由于非平稳变量之间的回归存在伪回归问题，在进行进一步的计量分析之前，先对变量进行平稳性检验。表 4-1 的 ADF 检验和 PP 检验显示，变量的一阶差分均为平稳变量。

表 4-1　变量一阶差分平稳性检验

一阶差分	ADF 检验	统计量	平稳性	PP 检验	平稳性
ΔISA	(C，N，0)	-2.911^{**}	平稳	-2.946^{**}	平稳
ΔISR	(C，N，0)	-1.852^{*}	平稳	-1.860^{*}	平稳
$\Delta \ln SFDI$	(C，T，0)	-3.995^{***}	平稳	-3.974^{***}	平稳
$\Delta ISA \times \Delta \ln SFDI$	(C，N，0)	-3.101^{**}	平稳	-3.104^{**}	平稳
$\Delta ISR \times \Delta \ln SFDI$	(C，N，0)	-1.612^{*}	平稳	-1.682^{*}	平稳

注：***、**、*分别表示在1%、5%、10%的水平上显著；C、T 和 K 分别表示常数项、时间趋势和滞后阶数，N 表示没有常数项或时间趋势。

变量均为一阶差分平稳变量（$I_{(1)}$），可以进行回归分析。下面将分别探讨 SFDI 对北京市产业结构高级化和产业结构合理化的影响。

（一）SFDI 对产业结构高级化的影响

根据式（4-9），为了解决 SFDI 与产业结构高级化之间的内生性问题及变量选择可能对估计结果产生的偏差，借鉴 Frank（2005）提出的方法，应用解释变量的滞后项作为工具变量进行估计。这里选择解释变量的一阶和二阶滞后变量作为工具变量，对式（4-9）进行估计。估计结果如表 4-2 所示。

表 4-2　普通估计结果

dISA	系数	标准差	T 值	P 值	95%置信区间	
dln*SFDI*	-0.680469	0.226600	-3.00	0.040	-1.309612	-0.051326
ldln*SFDI*	-0.101220	0.135634	-0.75	0.497	-0.477801	0.275361

续表

dISA	系数	标准差	T 值	P 值	95％置信区间	
l2dlnSFDI	0.633962	0.253115	2.50	0.066	−0.068798	1.336722
c. dISA♯c. dlnSFDI	3.674533	0.715712	5.13	0.007	1.687397	5.661669
_ cons	0.067032	0.031142	2.15	0.098	−0.019432	0.153497

由于变量的异方差和自相关会影响回归结果的准确性与科学性，这里分别对表 4−2 的回归模型进行异方差和自相关检验。

异方差的怀特检验结果如表 4−3 所示。怀特检验的原假设为同方差，即不存在异方差问题。这里检验 P 值为 0.1736，可以接受原假设，表 4−3 的回归中不存在明显的异方差问题。

表 4−3　异方差怀特检验

来源	chi2	df	P 值
Heteroskedasticity	9	8	0.3423
Skewness	8.14	4	0.0866
Kurtosis	0.45	1	0.5007
总计	17.59	13	0.1736

排除异方差问题后，再对表 4−2 的回归结果进行自相关检验。这里分别采取 BG 检验和 DW 检验，表 4−4 显示了两种检验的结果，其中 BG 检验的 P 值为 0.9025，较为强烈地接受不含自相关的原假设，原方程变量不存在自相关的问题。DW 统计量为 2.006417，与不存在一阶自相关的 DW＝2 基本接近。因此，回归不存在自相关问题。

表 4−4　自相关检验

BG 检验	lags（p）	chi2	df	Prob＞chi2
	1	7.018	1	0.9025
DW 检验	Durbin−Watson d−statistic（5，9）＝2.006417			

由于回归的异方差检验结果相对不是十分显著（怀特检验的 P 值为 0.1736），为了排除可能出现的错误接受原假设的可能性，这里采用异方差稳

健的回归方式进行进一步检验，回归结果如表 4—5 所示。

表 4—5 稳健估计结果

dISA	系数	标准差	T 值	P 值	95％置信区间	
dln$SFDI$	−0.680469	0.213889	−3.18	0.033	−1.274320	−0.086619
ldln$SFDI$	−0.101220	0.130834	−0.77	0.482	−0.464473	0.262033
l2dln$SFDI$	0.633962	0.295762	2.14	0.099	−0.187204	1.455128
c. dISA ♯ c. dln$SFDI$	3.674533	0.728157	5.05	0.007	1.652845	5.696221
_ cons	0.067032	0.030695	2.18	0.094	−0.018191	0.152255

从 SFDI 对北京市产业结构高级化的影响回归结果可见，SFDI 的当期、滞后二期和产业结构高级化与 SFDI 的交乘项均在统计上显著。SFDI 当期对产业结构高级化具有负效应，说明北京市 SFDI 的流入在当期对服务业产值的增加有抑制作用。SFDI 对北京市产业结构高级化的促进作用具有滞后效应，滞后两期后才开始显现出来，且滞后二期后的促进作用较为明显。

北京市服务业外资对北京市产业结构高级化当期的负向效应和滞后二期的正向效应说明，服务业外资进入首先对北京市服务业产生了挤出效应。北京市服务业外资通常带有先进的技术、服务理念和国际化管理经验，外资进入通过竞争对内资服务企业产生挤出效应。但是，随着外资进入所产生的技术、知识及管理经验溢出效应以及内资的模仿效应，会提高北京本土服务企业的生产效率及科技、知识密集度，进而对北京市服务业的发展产生正向促进作用。

（二）SFDI 对产业结构合理化的影响

与 SFDI 对北京市产业结构高级化的探讨类似，为了解决 SFDI 与产业结构高级化之间的内生性问题以及变量选取过程中可能产生的偏差，这里仍借鉴 Frank（2005）的方法，应用解释变量的滞后项作为工具变量对 SFDI 的北京市产业结构合理化效应进行估计。选取 SFDI 的一阶和二阶滞后变量作为工具变量，对式（4—10）进行估计。估计结果如表 4—6 所示。

表4-6　普通估计结果

dISR	系数	标准差	T 值	P 值	95％置信区间	
dlnSFDI	0.004096	0.002690	1.52	0.202	−0.003373	0.011564
ldlnSFDI	0.004633	0.003932	1.18	0.304	−0.006283	0.015549
l2dlnSFDI	−0.008967	0.004916	−1.82	0.142	−0.022616	0.004683
c. dISR ♯ c. dlnSFDI	7.355001	4.143951	1.77	0.151	−4.150451	18.860450
_ cons	−0.000974	0.001188	−0.82	0.458	−0.004272	0.002324

对表4-6的估计进行异方差和自相关检验，以排除可能存在的异方差和自相关的影响。

异方差的怀特检验结果如表4-7所示。这里检验 P 值为 0.6162，可以较肯定地接受原假设，即不存在异方差问题。

表4-7　异方差怀特检验

来源	chi2	df	P 值
Heteroskedasticity	9	8	0.3423
Skewness	0.89	4	0.9259
Kurtosis	1.05	1	0.3066
总计	10.94	13	0.6162

自相关检验分别采取 BG 检验和 DW 检验，表4-8显示了两种检验的结果，其中 BG 检验的 P 值为 0.9025，较强烈地拒绝不含自相关的原假设，因而存在自相关问题。DW 统计量为 2.859093，与不存在一阶自相关的 DW＝2 具有较大差距。因此，回归存在自相关问题。

表4-8　自相关检验

BG 检验	lags（p）	chi2	df	Prob＞chi2
	1	7.018	1	0.9025
DW 检验	Durbin−Watson d−statistic（5，9）＝2.859093			

由于存在明显的自相关问题，因此表4-6中的回归结果是有偏的。为了去除自相关的影响，这里采用广义最小二乘法（FGLS）进行估计（见表4-9）。

表 4-9　FGLS 估计结果

dISR	CO 估计方法			PW 估计方法		
	系数	标准差	P 值	系数	标准差	P 值
dlnSFDI	0.008107	0.000724	0.002	0.0081067	0.000724	0.002
ldlnSFDI	−0.001664	0.001205	0.261	−0.0016635	0.001205	0.261
l2dlnSFDI	−0.011724	0.001109	0.002	−0.0117238	0.001109	0.002
c. dISR ♯ c. dlnSFDI	12.133160	0.917053	0.001	12.13316	0.917053	0.001
_ cons	−0.000319	0.000216	0.236	−0.0003186	0.000216	0.236
rho	−1.389624			−1.389623		
DW 统计量	原始＝2.859093			原始＝1.352474		
	调整后＝2.859093			调整后＝1.352474		

从表 4-9 可见，两种估计方法的结论差异非常小，DW 统计量均由初始普通回归的 2.859093 调整至 1.352474，与标准的 DW＝2 的差异由 0.859093 缩减至 0.647526。

北京市服务业外资对北京市产业结构合理化的影响，当期表现为正向影响，统计上较为显著，但由于系数值较小（0.0081），因而当期的正向影响效应相对较小。北京市 SFDI 的当期、滞后二期、产业结构合理化与 SFDI 的交乘项均在统计上显著。SFDI 当期对产业结构合理化具有正效应，即 SFDI 流入当年有助于三次产业间的平衡发展，说明北京市 SFDI 的流入在当期对服务业增长速度有抑制作用。SFDI 流入次年的具体效应不确定，但到第三年则表现出负效应，说明 SFDI 经过两期滞后，开始加快服务业增长速度。

北京市服务业外资对北京市产业结构合理化当期的负向效应和滞后二期的正向效应说明，服务业外资进入对北京市服务业首先呈现出的是竞争排斥效应，外资先进的技术、管理经验、人才机制及薪资水平导致本土企业技术被边缘化、人才流失，对北京市服务业发展产生挤出效应，降低了服务业发展速度，进而客观上改善了产业结构间协调平衡度。随着外资进入后的知识溢出，国内企业的迅速学习调整，在滞后二期时，SFDI 的正向溢出效应超过负向挤出效应，加快了服务业的发展速度，加速了三次产业间的不平衡发展。

三、结论及启示

本节从北京市产业结构的高级化和合理化两个层面来探讨 SFDI 的北京市三次产业结构优化效应，结论表明，SFDI 对同期的北京市产业结构高级化具有负面效应，对同期的北京市产业结构合理化具有正面效应。滞后一期的效应均不显著，滞后二期的 SFDI 对北京市产业结构高级化具有正面促进作用，对产业结构合理化具有负面效应。

结论表明，SFDI 的流入对北京市服务业的竞争排斥效应大于正向知识溢出效应，表现出对服务业增长的负向作用，进而在一定程度上减慢了北京市产业结构高级化的发展进程，客观上促进了北京市三次产业之间的发展平衡。随着正向溢出效应的增强，正向溢出效应超过负向竞争排斥效应，表现为对北京市服务业的增长产生正向作用，加速服务业发展，进而在滞后二期后开始促进北京市产业结构高级化速度，客观上阻碍了三次产业的平衡发展。究其原因，说明北京市原有产业体系仍待进一步改善，在技术、服务理念、管理经验以及产品价值链体系，人才培训与薪资待遇等方面与国外 SFDI 相比仍有一定差距，北京市本土产业体系及服务业体系在价值链上仍处于不利位置，竞争力水平仍有待提升；使外资进入初期具有较明显的优势，抢占国内市场份额，对北京原有产业体系及市场体系产生的竞争排斥较为明显；此外，北京市 SFDI 正向溢出效应不显著，SFDI 流入主要仍集中在劳动—资本密集型的一般服务业行业，所以应加大对技术、知识密集型高端服务业的引资力度，提高服务部门自身的创新力，进而推动产业结构的高级化和合理化发展。

北京市作为首个服务业开放试点城市，在政策上对 SFDI 流入及服务业发展给予了诸多支持，使服务业尤其是高端服务业得到快速发展。但从产业发展需要来看，高端服务供需仍显不足，对产业结构高级化和合理化的推动力不显著。同时，制造业与服务业发展之间的关联效应不足，应通过服务创新和产业关联等将高端服务要素融入制造业，促使北京市制造业价值链升级，进而在发展高端服务业的同时推动产业结构合理化。

因此，首先在北京市实际利用 SFDI 方面，应强调知识、技术密集型的高端服务业外资的流入，尤其是具有先进技术、理念、新经营模式及国际管理经验的 SFDI 的流入。其次应重点发展北京市本土产业的创新能力。单纯依靠承接、模仿国外 SFDI 的经验与实践，可能会在研发、创新、营销等方面形成依赖，因此，应提高本土服务业创新发展能力，同时推动产业融合，发展与高端服务业相关联的高端制造业。最后促进人才培养，通过各种合作科研、合作培训等渠道，培养高端产业人才，推动北京市产业结构高级化和合理化发展。

第二节　产业结构优化：知识溢出层面

SFDI 涵盖资本、制度、技术、管理、经验和项目等复合资源的直接投资，SFDI 流入北京市时，所带来的复合资源会对北京市本土企业产生非资源性技术扩散，形成一种经济外部性，这种外部性的直接结果就是引起当地技术或生产力的进步。SFDI 可通过竞争效应、示范模仿效应、人力资本流动、产业集聚等渠道对北京市本土企业产生可能的正向的技术与知识溢出效应或负向的竞争排斥效应，其综合作用结果决定了 SFDI 的知识溢出程度，进而影响北京市的技术进步。全要素生产率是技术进步的核心衡量指标，也是产业结构体系发展情况的重要表征，本节拟从北京市技术进步（全要素生产率）层面来探讨 SFDI 对北京市产业结构优化的影响。

一、模型设定与数据说明

（一）计量模型设定

这里假定北京市生产函数是 Cobb－Douglas 生产函数，具体形式为：

$$Y_t = A_t K_t^{\alpha} L_t^{\beta} \quad t = 1, 2, 3, \cdots, n \tag{4-11}$$

其中，Y_t 是第 t 期的北京市总产出，K_t^{α} 是第 t 期的北京市资本存量，L_t^{β} 是第 t 期的北京市劳动投入，A 是全要素生产率，也就是北京市技术、知识、管理进步水平。α 和 β 分别为资本和劳动的产出弹性。

在 $\alpha + \beta = 1$，即生产规模不变时，对式（4－11）两边同时取自然对数，可得到线性方程：

$$\ln Y = \ln A_t + \alpha \ln K_t + \beta \ln L_t + \mu \tag{4-12}$$

从生产函数模型可见，技术进步与地区技术水平提升速度往往与经济发展程度（产出）、劳动投入、资本投入、研发资金投入、地区开放程度、政府对地方经济的干预水平等因素密切相关。全要素生产率 A_t，也就是研究对象 TFP，是衡量技术、知识、管理进步的重要指标，为了考察北京市 SFDI 的知识溢出效应，这里设定以下计量模型。

$$\ln TFP_t = \alpha_1 + \alpha_2 \ln SFDI_t + \alpha_3 \ln SEMP_t +$$
$$\alpha_4 \ln SGDP_t + \alpha_5 \ln CAP_t + \alpha_6 RND_t +$$
$$\alpha_7 OPEN_t + \alpha_8 GOV_t + \varepsilon_t \qquad (4-13)$$

其中，t 表示年份，ε_t 为随机扰动项。

这里 TFP（A_t）需要进一步测算。当前测算方法主要包括数据包络分析法、随机前沿分析法和索洛残差分析法[1]，这里采用索洛残差分析法来估算北京市的全要素生产率。为了便于测算，这里假设规模报酬不变，并取 $\alpha =$ 0.55。[2] 因此，各省份的全要素生产率公式如下：

$$A_t = Y_t / (K_t^\alpha L_t^{1-\alpha}) \qquad t = 1, 2, 3, \cdots, n \qquad (4-14)$$

A_t 的测算包括总产出、资本存量和劳动投入三个方面。对于资本存量的计算，当前还未形成统一的计算方法，这里借鉴国内其他学者的做法，用固定资本形成总额来表示，采用永续存盘法来估算资本存量，公式如下：

$$K_t = K_{t-1}(1-\varphi) + I_t \qquad t = 1, 2, 3, \cdots, n \qquad (4-15)$$

其中，K_t 为第 t 期的资本存量，I_t 为第 t 期的资本投入，φ 为折旧率。这里北京市的折旧率参考张军等的各省份折旧率测算，取 9.6%[3]。

（二）数据说明

TFP_t 为历年全要素生产率，表示北京市技术、知识、管理进步水平；估计涉及的北京市总产出 Y_t 由北京市年总产出表示；劳动投入 $L_t^{1-\alpha}$ 由北京市年

---

① 汪旭晖，杨东星．我国流通服务业 FDI 的溢出效应及其影响因素分析［J］．宏观经济研究，2011（6）：39—45．

② 参考全国及北京市相关研究文献，将资本的产出弹性设定为 0.55，具体可参见庄惠明、郑剑山（2015）和岳金桂（2007）的研究内容。

③ 张军．中国省际物质资本存量估算：1952—2000［J］．经济研究，2004（10）：53—62．

末就业人数度量；资本存量 K_t 由式（4—15）计算得出，其中资本投入 I_t 由北京市年固定资产投资表示；对于基年的资本存量 K_0，即 2005 年北京市的资本存量估计，借鉴张军推算出的北京市 2000 年当年价格的资本存量，并根据式（4—15）以北京市固定资产投资当年价格推算出 2005 年的北京市资本存量。

$SFDI_t$ 为历年服务业 FDI 投资额，这里用北京市服务业实际利用 FDI 金额进行度量。

$SGDP_t$ 为产出水平，这里用北京市服务业年产出水平来衡量；产出水平越高，越有利于生产的发展，进而促进技术研发与技术进步。

$SEMP_t$ 为劳动投入，这里用北京市服务业年末就业人数衡量。通常认为，就业水平越高越有利于生产，生产力水平的提高有利于科技创新的发展和技术、知识进步。

RND_t 为历年研发成本投入，这里用北京市研发经费支出表示。研发支出直接影响了企业技术创新的进程，进而直接影响生产率水平。

$OPEN_t$ 为城市对外开放程度，用北京市年进出口总额与 GDP 的比率来表示。对外开放程度直接影响了国外先进技术、管理经验及相关知识的进入与溢出。

GOV_t 为政府干预指标，用北京市政府年支出与年 GDP 的比率来衡量。政府干预影响了资源配置，进而影响生产率水平。

CAP_t 为资本密集情况，这里用北京市资本存量 K 来进行度量。通常认为，资本密集程度越高，越有利于引进先进技术设备，加快地区技术进步，但也有学者得出资本深化有可能延缓地区技术进步[1]，资本存量 K 的计算参照式（4—15），对于基年（2005 年）的资本存量 K_0 的估计，借鉴张军推算出的北京市 2000 年当年价格的资本存量，并根据北京市 2000 年当年价格固定资产投资，推算出 2005 年的北京市资本存量，推算过程中所有数据以 2000 年为基年进行去通胀处理。

---

[1] 张军通过研究表明资本深化会阻碍中国工业生产率增长。详见：张军. 中国省际物质资本存量估算：1952—2000 [J]. 经济研究，2004（10）：53—62.

确定北京市 SFDI、产值、服务业就业、研发投资、政府支出、GDP、固定资产存量等数据后，按当年平均汇率进行汇率转换，并最终全部以 2006 年为基年进行去通胀处理。所有数据来自《北京统计年鉴》《北京区域统计年鉴》和《中国统计年鉴》，计量分析使用软件 Stata 15。

二、实证分析

（一）平稳性检验

由于带有随机趋势的非平稳的变量之间经常会发生伪回归现象而降低结果的科学性与可信性，进而导致统计结论失真，因此在进行分析之前，这里要先进行单位根检验。如表 4—10 所示。

表 4—10 变量水平值 ADF 平稳性检验

变量（水平）	ADF 检验	T 值	P 值	平稳性
lnTFP	（C，T，0）	−1.607	0.7896	不平稳
ln$SFDI$	（C，T，0）	0.075	0.9949	不平稳
ln$SEMP$	（C，T，0）	−2.224	0.4762	不平稳
ln$SGDP$	（C，T，0）	−0.587	0.9796	不平稳
lnCAP	（C，T，0）	−0.014	0.9941	不平稳
RND	（C，T，0）	−2.899	0.1624	不平稳
$OPEN$	（C，T，0）	−2.314	0.4264	不平稳
GOV	（C，T，0）	−2.477	0.3395	不平稳

注：C、T 和 K 分别表示常数项、时间趋势和滞后阶数，N 表示没有常数项或时间趋势。

ADF 检验结果显示，各变量的水平值均是不平稳的时间序列，对变量取一阶差分并进行平稳性检验，结果如表 4—11 所示。

表 4—11 变量一阶差分 ADF 平稳性检验

一阶差分	ADF 检验	统计量	平稳性	PP 检验	平稳性
dlnTFP	（C，T，0）	−5.906[***]	平稳	−6.518[***]	平稳
dln$SFDI$	（C，T，0）	−4.006[***]	平稳	−3.985[***]	平稳

续表

一阶差分	ADF 检验	统计量	平稳性	PP 检验	平稳性
dlnSEMP	(C，T，0)	-5.216^{***}	平稳	-5.841^{***}	平稳
dlnSGDP	(C，T，0)	-3.854^{**}	平稳	-3.924^{**}	平稳
dlnCAP	(C，T，0)	-3.703^{**}	平稳	-3.939^{**}	平稳
dRND	(C，N，0)	-3.127^{**}	平稳	-3.813^{**}	平稳
dOPEN	(C，T，0)	-4.127^{***}	平稳	-4.671^{***}	平稳
dGOV	(C，N，0)	-3.191^{**}	平稳	-3.259^{**}	平稳

注：***、**、* 分别表示在 1%、5%、10% 的水平上显著；C、T 和 K 分别表示常数项、时间趋势和滞后阶数，N 表示没有常数项或时间趋势。

由表 4—11 可见，ADF 检验和 PP 检验都显示，变量取一阶差分后在 10% 的显著性水平上平稳。因此，原序列是一阶平稳序列（$I_{(1)}$），符合回归变量平稳序列的要求，可以避免伪回归现象的产生，进而可以进行回归分析。差分后一阶变量的数据统计特征如表 4—12 所示。

表 4—12　一阶差分后变量统计特征

变量	数量	平均值	标准差	最小值	最大值
dlnTFP	11	0.027398	0.024368	0.001307	0.079414
dlnSFDI	11	0.156646	0.211818	-0.018364	0.653054
dlnSGDP	11	0.109008	0.025381	0.074517	0.150666
lnSEMP	12	6.696527	0.152263	6.452049	6.912942
dlnCAP	11	0.114101	0.017686	0.087308	0.139088
dRND	11	101.980600	22.658170	69.931190	147.760600
dOPEN	11	-0.067427	0.218379	-0.498307	0.238500
dGOV	11	0.007963	0.010686	-0.005987	0.036053

从表 4—12 可见，处理后变量在平均值、标准差、最小值、最大值上相对较为集中，除研发投资外，标准差都相对较小，分布较为合理，无异常值。数据分布不会影响结果的有效性。

（二）回归分析

首先根据式（4—13）进行普通标准差回归和异方差稳健回归，分析结果如表4—13和表4—14所示。

表4—13　普通标准差回归

dlnKFP	系数	标准差	T值	P值	95％置信区间	
dlnSFDI	0.026274	0.008377	3.14	0.052	−0.000385	0.052932
dlnSGDP	1.436737	0.154689	9.29	0.003	0.944448	1.929027
lnSEMP	0.226904	0.050557	4.49	0.021	0.066011	0.387798
dlnCAP	1.072697	0.306123	3.50	0.039	0.098478	2.046916
dRND	−0.000365	0.000085	−4.31	0.023	−0.000635	−0.000095
dOPEN	−0.069204	0.013831	−5.00	0.015	−0.113221	−0.025187
dGOV	−0.598806	0.182168	−3.29	0.046	−1.178545	−0.019066
_cons	−1.742881	0.376234	−4.63	0.019	−2.940226	−0.545536

从表4—13和表4—14可见，两种回归的回归结果差异不大，SFDI、服务业产出、服务业就业、固定资本积累、研发投入、对外开放和政府干预变量都较为显著。其中，SFDI、服务业产出、服务业就业和固定资本累积都会对北京市全要素生产率有正向作用，会促进北京市的技术进步；而研发投入、对外开放和政府干预则显示出负向效应，在一定程度上会抑制全要素生产率的增长。

表4—14　异方差稳健回归

dlnKFP	系数	标准差	T值	P值	95％置信区间	
dlnSFDI	0.026274	0.008502	3.09	0.054	−0.000783	0.053331
dlnSGDP	1.436737	0.103542	13.88	0.001	1.107222	1.766253
lnSEMP	0.226904	0.039477	5.75	0.010	0.101272	0.352537
dlnCAP	1.072697	0.277980	3.86	0.031	0.188041	1.957353
dRND	−0.000365	0.000064	−5.71	0.011	−0.000569	−0.000162
dOPEN	−0.069204	0.011899	−5.82	0.010	−0.107073	−0.031335
dGOV	−0.598806	0.138929	−4.31	0.023	−1.040939	−0.156672
_cons	−1.742881	0.295466	−5.90	0.010	−2.683184	−0.802578

由于异方差和自相关会导致伪回归现象的产生，为了进一步确保回归分析的准确性和可信性，这里分别进行异方差检验和自相关检验。表 4－15 为异方差怀特检验。该检验的原假设为同方差假定，即不存在异方差问题。从表 4－15 可见，检验 P 值为 0.2455，可以接受原假设，即不存在明显的异方差问题。

表 4－15　异方差怀特检验

来源	chi2	df	P 值
Heteroskedasticity	11	10	0.3575
Skewness	10.65	7	0.1544
Kurtosis	0.05	1	0.8285
总计	21.7	18	0.2455

表 4－16 的 BG 检验及 DW 检验显示，BG 检验中 P 值为 0.0016，显著拒绝原假设。由于 BG 检验的原假设为不存在自相关问题，因此，这里存在较为明显的自相关。DW 检验统计量为 1.450333，与不存在一阶自相关的 DW＝2 相距甚远，也表明有自相关问题的存在。

4－16　自相关 BG 检验与 DW 检验

BG 检验	滞后阶数	chi2	df	Prob＞chi2
	1	9.908	1	0.0016
DW 检验	Durbin－Watson d－statistic（8，11）＝1.450333			

为了去除自相关问题的影响，这里使用广义最小二乘法（FGLS）来进行模型估计。两种广义最小二乘法的估计，CO 估计方法和 PW 估计方法，结果如表 4－17 所示。

表 4－17　FGLS 估计结果

dlnKFP	CO 估计方法			PW 估计方法		
	系数	标准差	P 值	系数	标准差	P 值
dlnSFDI	0.026047	0.008717	0.096	0.025949	0.006664	0.030
dlnSGDP	1.410509	0.173375	0.015	1.410897	0.140961	0.002
lnSEMP	0.227807	0.061680	0.066	0.228577	0.047615	0.017
dlnCAP	1.146822	0.351508	0.082	1.147873	0.286141	0.028

dlnKFP	CO 估计方法			PW 估计方法		
	系数	标准差	P 值	系数	标准差	P 值
dRND	−0.000352	0.000080	0.048	−0.000351	0.000063	0.012
d$OPEN$	−0.075930	0.016092	0.042	−0.076000	0.013084	0.010
dGOV	−0.676924	0.183603	0.066	−0.677139	0.148162	0.020
_ cons	−1.755656	0.456377	0.061	−1.761101	0.355444	0.016
rho	−0.4571997			−0.464911		
DW 统计量	原始＝1.450333			原始＝1.710749		
	调整后＝1.450333			调整后＝1.781060		

从表4—17可见，两种广义二乘法的估计结果差异不大，CO 估计方法调整后 DW 统计量为 1.710749，PW 估计方法调整后 DW 统计量为 1.781060。从 DW 统计量来看，PW 估计方法自相关程度相对更低，并且数值较好，不必再对模型进行进一步的深度调整，因此这里以 PW 估计方法的估计结果为准。

PW 估计结果显示，SFDI、服务业产出、服务业就业、资本密集程度、研发投入、对外开放和政府干预都对北京市的全要素生产率，即对北京市知识、技术进步水平有显著影响。其中，对服务业产出和资本密集程度的正向作用较大，变量系数分别为 1.410897 和 1.147873；对第三产业就业和 SFDI 的正向作用相对较小，尤其是 SFDI，影响系数为 0.025949。表明 SFDI 的正向知识溢出效应大于其负向的竞争排斥效应。而研发投入、对外开放和政府干预则呈现出负向作用。说明北京市研发投入的回报率相对较低，研发投资的技术进步效应并未显现。此外，北京市进出口贸易尤其是服务贸易仍存在低端锁定问题，出口主要仍以价值链中低端产品为主，对外贸易尤其是服务贸易并未对北京市的技术进步起到促进作用，反而产生了一定的抑制作用（影响系数为−0.076）。政府政策也对北京市全要素生产率的提升起到了一定的束缚作用。

三、结果分析

研究结论显示，SFDI 对北京市全要素生产率有正向促进作用，表明 SFDI 对北京市知识、技术进步的正向知识溢出效应大于其产生的竞争排斥效应。服务业产出和服务业就业对北京市技术进步同样具有正向影响效应。说明北京市经济发展已具有鲜明的服务经济特征，服务业不仅成为北京市产出、就业增长的核心驱动力，同时也是北京市技术进步的重要促进因素。资本密集程度对北京市知识、技术进步水平的进步有显著的正向作用。研发投入、开放程度和政府干预三个因素呈现出负向作用。说明研发投入的回报率尚待提升，对外贸易结构及产品价值链体系尚待改善，同时应降低政府政策干预度，促进资源优化配置。

因此，在利用 SFDI 提升北京市知识、技术进步水平方面，应着重注意以下几点：首先，应进一步引导 SFDI 流入行业，鼓励涵盖先进科技、管理经验、新经济模式的 SFDI 流入北京市高端服务业和新兴产业，同时注重北京市本土的承接与产业融合，进一步促进 SFDI 的正向知识溢出效应。其次，注意研发投资的投入行业，鼓励高端服务业研发投资，引导研发资金多投向代表先进技术、先进生产力的新兴行业，同时注重知识产权尤其是服务行业知识产权的保护，提高研发投资的技术进步效应。最后，构建有利于北京市技术进步的外部环境体系，注重人才培养，精简服务贸易进出口程序，减少政府对资源配置的干预，促进服务业的创新发展，进而提高北京市知识、技术进步水平，促进北京市产业结构升级。

第三节　产业结构优化：空间分布层面

产出、就业与工资是产业结构的核心方面与重要表征指标。北京市十六个区的空间分布、自然资源、禀赋特征、经济结构、产业发展差异较大。本节拟从产业结构的空间分布层面来探讨北京市 FDI 的产业结构效应。①

一、模型设定与数据说明

根据上述理论模型可知，外商直接投资、就业和经济增长具有交互影响，

①　由于北京市十六个区的 FDI 统计并未进行产业划分，导致 SFDI 数据统计缺失，同时由于北京市 SFDI 占北京市 FDI 的比率达到 90% 以上，因此，这里可以通过探讨 FDI 来尝试了解北京市 SFDI 的相关情况。

同时国内投资也是影响经济增长的因素，本书设定以下计量模型：

$$\ln GDP_{it} = \alpha + \beta_1 \ln FDI_{it} + \beta_2 \ln EMP_{it} + \beta_4 \ln FIX_{it} + \varepsilon_{it} \qquad (4-16)$$

其中，下标 i 为北京市的十六个区，t 为年份；GDP_{it} 为北京市各区 t 时期的产值，即经济增长；FDI_{it} 为北京市各区 t 时期内实际使用外资金额；EMP_{it} 为北京市各区 t 时期劳动力投入人数，为各区年末就业人数；FIX_{it} 为北京市各区 t 时期的固定资本投入，用北京市十六个区年固定资产投资来表示。

北京市十六个区分别为东城区、西城区、朝阳区、丰台区、石景山区、海淀区、门头沟区、房山区、通州区、顺义区、昌平区、大兴区、怀柔区、平谷区、密云区、延庆区。2006～2009 年北京市崇文与宣武区尚未分别划入东城区和西城区内，2010 年崇文区合并入东城区，宣武区合并入西城区，为保持统计上的一致性，其中将 2006～2009 年东城区的数据加入了崇文区，西城区的数据包括了宣武区。

本书选取 2006～2017 年北京市数据，经济增长指标直接选取北京市十六个区的区 GDP。其中，区 GDP、区实际利用外资金额、区年固定资产投资皆以万元人民币为单位，根据国家统计局数据当年汇率和 CPI 进行换算和去通胀处理。所有数据来自历年《北京统计年鉴》和《中国统计年鉴》，计量软件使用 Stata 15。

原始数据进行去通胀、转换汇率，并按式（4－16）进行对数处理后，数据呈现出如表 4－18 所示的特征，从平均值、标准差、最大值和最小值来看，数据整体标准差都较小，无异常值，为平衡面板数据。

表 4－18　数据统计特征

变量		平均值	标准差	最小值	最大值	观测
$\ln GDP$	overall	15.21849	1.340272	12.28282	17.8844	$N=192$
	between		0.6200017	14.00712	14.00712	$n=12$
	within		1.200881	13.38068	17.54987	$T=16$
$\ln FDI$	overall	11.32035	1.850178	6.38851	15.8588	$N=192$
	between		0.3545875	10.80474	12.10773	$n=12$
	within		1.818599	6.319543	15.83315	$T=16$

续表

变量		平均值	标准差	最小值	最大值	观测
ln*EMP*	overall	12.44816	1.026051	10.72234	14.36897	$N=192$
	between		0.1240273	12.20337	12.57642	$n=12$
	within		1.01912	10.66683	14.28869	$T=16$
ln*FIX*	overall	14.71482	0.9162975	12.31626	16.4068	$N=192$
	between		0.3905798	14.02825	15.18901	$n=12$
	within		0.8360718	13.00282	16.75393	$T=16$

二、模型检验

（一）混合回归

作为参照，我们先进行混合回归，混合回归假定每个区都拥有一样的回归方程，并假定不存在个体效应，即统一设定混合回归方程为：

$$y_{it} = \alpha + x'\beta + z'_i\delta + \varepsilon_{it} \tag{4-17}$$

其中，x_{it} 不包括常数项。

分别进行聚类稳健标准误混合回归、异方差稳健标准误的混合回归和普通标准误混合回归。

由于北京市城六区与远郊十个区的自然禀赋、发展模式差异较大，因此，在对北京市十六个区进行全样本研究的基础上，根据北京市十六个区的总体发展特征，将十六个区分为两组——城六区和远郊区对分样本进行研究。

从表 4-19 结果可见，北京市十六个区全样本混合回归，三种形式结果差异较大。三种结果变量系数值相同，但聚类稳健标准误混合回归的标准误差值比异方差稳健标准误的混合回归和普通标准误混合回归高出很多。异方差稳健标准误与普通标准误的混合回归结果较为接近，就业与固定资产投资在 1% 统计水平上显著，FDI 在 5% 统计水平上显著。聚类稳健标准误回归结果则与二者差异较大，FDI 不显著，就业与固定资产投资作用显著。

表 4-19　全样本三种混合回归结果比较

lnGDP	聚类稳健标准误			异方差稳健标准误			普通标准误		
	系数	标准差	P>|t|	系数	标准差	P>|t|	系数	标准差	P>|t|
lnFDI	0.0727258	0.04886	0.157	0.0727258	0.0355944	0.042	0.0727258	0.0354438	0.042
lnEMP	0.8087159	0.1492335	0.000	0.8087159	0.0737671	0.000	0.8087159	0.0718668	0.000
lnFIX	0.4039206	0.1324439	0.008	0.4039206	0.0606188	0.000	0.4039206	0.0591712	0.000
_cons	−1.615436	0.906603	0.095	−1.615436	0.5861177	0.006	−1.615436	0.6543677	0.014

表 4-20 显示，对于城六区样本混合回归的三种形式，显著性上差异较大。三种回归结果变量系数值相同；显著性上，聚类稳健标准误混合回归所有变量都不显著，异方差稳健标准误的混合回归和普通标准误混合回归中，只有固定资产投资不显著，FDI、就业的作用均显著。

表 4-20　城区三种混合回归结果比较

lnGDP	聚类稳健标准误			异方差稳健标准误			普通标准误		
	系数	标准差	P 值	系数	标准差	P 值	系数	标准差	P 值
lnFDI	0.2500531	0.0725265	0.018	0.2500531	0.0529602	0.000	0.2500531	0.0509811	0.000
lnEMP	0.9123061	0.2602459	0.017	0.9123061	0.1225783	0.000	0.9123061	0.1230398	0.000
lnFIX	−0.0571393	0.1693772	0.750	−0.0571393	0.0864804	0.511	−0.0571393	0.0856695	0.507
_cons	1.836735	1.028626	0.134	1.836735	0.9950739	0.069	1.836735	1.102191	0.100

郊区混合回归结果显示（见表 4-21），聚类稳健标准误混合回归 FDI 和就业均不显著，只有固定资产投资显著；异方差稳健标准误的混合回归和普通标准误混合回归中，FDI 不显著，固定资产投资和就业均显著。

表 4-21　郊区三种混合回归结果比较

lnGDP	聚类稳健标准误			异方差稳健标准误			普通标准误		
	系数	标准差	P 值	系数	标准差	P 值	系数	标准差	P 值
lnFDI	0.0354673	0.0408137	0.407	0.0354673	0.0339502	0.298	0.0354673	0.0371521	0.342
lnEMP	0.2873142	0.2380226	0.258	0.2873142	0.1068559	0.008	0.2873142	0.1077709	0.009
lnFIX	0.7742482	0.0877795	0.000	0.7742482	0.0588852	0.000	0.7742482	0.0693742	0.000
_cons	−0.4509164	1.817321	0.810	−0.4509164	0.7785967	0.564	−0.4509164	0.7875797	0.568

可见混合回归结果差异较大。同时，混合回归假定北京市的十六个区具有相同的回归方程，即不存在个体差异。虽然同属北京市，但每个区都有自身的特点和经济发展模式，可能存在不随时间变动的自身特征，也就是个体差异或异质性，因此，需要通过 F 检验来进一步确认混合回归的有效性。

对北京市全样本和城区六区、郊区十区分样本的 F 检验如表 4－22 所示，三个样本检验的 P 值均为 0.0000，强烈拒绝个体差异为 0 的原假设，因此存在个体差异，上述混合回归的结果并不具备有效性，应允许十六个区县分别拥有自己的截距项。

表 4－22　全样本和分样本 F 检验

	全样本北京市（十六区）系数	分样本城区（六区）系数	分样本郊区（十区）系数
sigma _ u	0.4578979	0.35267249	0.44843529
sigma _ e	0.32020643	0.19144333	0.28210487
rho	0.6715846	0.77239703	0.71646036
	F test that all u _ i＝0：F（11，177）＝25.30 Prob＞F＝0.0000	F test that all u _ i＝0：F（11，57）＝19.09 Prob＞F＝0.0000	F test that all u _ i＝0：F（11，105）＝15.76 Prob＞F＝0.0000

由于这里 F 检验并未使用聚类稳健标准误，使用的是普通标准误，普通标准误的误差大约只是聚类稳健标准误的一半。因此，单纯的 F 检验并不充分有效，我们还要进行最小二乘虚拟变量检验（Least Square Dummy Variable Test，LSDV），来进一步确定 F 检验结果的有效性与科学性。

从表 4－23 中最小二乘虚拟变量检验可以看出，全样本回归中十五个区的虚拟变量仅有第 8、第 9、第 10、第 11 区的 P 值不显著，其他虚拟变量均在 1% 或 5% 的统计水平上显著；城区六个区的检验结果显示，5 个虚拟变量均在 1% 或 5% 的统计水平上显著；郊区十个区的最小二乘虚拟变量回归显示，9 个虚拟变量中有 4 个不显著，其他均在 1% 和 5% 的统计水平上显著。因此，可以显著拒绝所有虚拟变量均为零的原假设，即北京市十六个区具有不随时间变化的异质性，存在个体效应。因此，混合回归的结果是有偏的，不具备充分有效性。应使用个体效应模型来估计北京市十六个区的 FDI、就业与产出之间的互动效应。

表 4－23　全样本及分样本 LSDV 估计

区	全样本（十六区）		城区（六区）		郊区（十区）	
	系数	P 值	系数	P 值	系数	P 值
1	−0.3857458	0.041	−0.6109722	0.036		
2	−1.780356	0.000	−1.991455	0.001		
3	−1.246551	0.000	−0.7526192	0.034		
4	1.080898	0.038	1.921152	0.017		
5	−1.638398	0.000	−1.976059	0.002		
6	2.186978	0.036				
7	0.918680	0.150			−0.9670104	0.062
8	0.1942979	0.681			−1.503784	0.036
9	−0.0943849	0.652			−1.519344	0.128
10	0.1425291	0.724			−1.500832	0.058
11	−1.008128	0.000			−2.466602	0.024
12	2.117982	0.013			0.202848	0.366
13	1.694446	0.026			−0.1738456	0.558
14	1.783630	0.025			−0.1529691	0.570
15	2.489651	0.012			0.4380287	0.001
_ cons	−19.93932	0.001	−24.58106	0.004	−14.96272	0.016

（二）固定效应和随机效应

个体效应估计包括固定效应模型（Fixed Effects Model，FE）[①] 和随机效应模型两种（Random Effect Model，RE），这里分别进行估计，检验两种模型的有效性和适用性，检验 FDI 对北京市产业结构空间分布的影响效应。

从表 4－24 的固定效应模型回归和表 4－25 的随机效应模型回归结果来看，北京市十六个区的全样本的两种模型回归变量统计显著性上较为类似，FDI、就业和固定资产投资都会促进区产出的增长，具体增长幅度（系数）两种模型估计结果有一定出入；同样，城区六区的回归结果显示，两种模型回归方式下，FDI、就

---

① 即便是在固定效应模型中，个体效应 μ_i 也是随机的，而不是一个固定常数。

业和固定资产投入均会促进城区六区的产出增长，具体增长幅度两种模型结果略
有不同；对于郊区十个区来说，同样是两种模型结果都显示 FDI 的 P 值不显著，
就业与固定资产投资的产出作用显著，两种模型下两者的作用幅度不同。

表 4-24　固定效应模型回归

lnGDP	全样本（十六区）			城区（六区）			郊区（十区）		
	系数	标准差	P 值	系数	标准差	P 值	系数	标准差	P 值
lnFDI	0.0517787	0.0274592	0.086	0.2080206	0.0393413	0.000	0.0212572	0.0196129	0.302
lnEMP	1.010735	0.0405765	0.000	0.9905337	0.0642473	0.000	0.6408056	0.0460621	0.000
lnFIX	0.0768878	0.0308793	0.030	−0.1530611	0.0380272	0.002	0.3343469	0.0347329	0.000
_ cons	0.9191556	0.5544345	0.126	2.771295	0.5395466	0.000	1.863605	0.3106699	0.000
sigma _ u	0.4578979			0.35267249			0.44843529		
sigma _ e	0.32020643			0.19144333			0.28210487		
rho	0.6715846			0.77239703			0.71646036		

表 4-25　随机效应模型回归

lnGDP	全样本（十六区）			城区（六区）			郊区（十区）		
	系数	标准差	P 值	系数	标准差	P 值	系数	标准差	P 值
lnFDI	0.0614819	0.033221	0.064	0.2370243	0.0399141	0.000	0.0270518	0.0219909	0.219
lnEMP	0.9186269	0.059506	0.000	0.9357113	0.0742261	0.000	0.4986876	0.0793685	0.000
lnFIX	0.2249329	0.0720881	0.002	−0.0882628	0.0534681	0.099	0.5090716	0.0717361	0.000
_ cons	−0.2225677	0.9405615	0.813	2.158802	0.6663761	0.001	0.9630558	0.425058	0.023
sigma_u	0.10211716			0.05737731			0.14995055		
sigma_e	0.32020643			0.19144333			0.28210487		
rho	0.09231505			0.08242194			0.22029524		

虽然固定效应模型和随机效应模型的变量统计显著性较为类似，但系数差
异较大，为了进一步检验两种模型回归结果的科学性与有效性，这里进行
Hausman 检验（见表 4-26）。

表 4-26　全样本及分样本 Hausman 检验

	Chi	P 值
全样本（十六区）	chi2 (4) = (b−B)′ [(V_b−V_B)^ (−1)] (b−B) =72.04	Prob>chi2=0.0000

续表

	Chi	P 值
城区（六区）	chi2 (4) = (b−B)′ [(V_b−V_B)^ (−1)] (b−B) =45.50	Prob>chi2=0.0000
郊区（十区）	chi2 (4) = (b−B)′ [(V_b−V_B)^ (−1)] (b−B) =37.43	Prob>chi2=0.0000

注：① (b) 为固定效应回归；(B) 为随机效应回归；(b−B) 为两个回归分析的差异；b＝在原假设 H0 与假设 Ha 下均一致；结果源自面板回归；B＝假设 Ha 下不一致，原假设 H0 下有效；结果源自面板回归。②原假设 H0 假定两者不存在系统性差异。

表 4−26 的 Hausman 检验结果显示，全样本、城区、郊区的 P 值均为 0.0000，强烈拒绝 H₀ 原假设，即固定效应回归和随机效应回归之间存在显著性差异，应该使用固定效应模型。因此，表 4−24 中的固定效应模型回归结果为有效结果。

（三）检验结果

全样本回归下，从北京市十六个区统一来看，FDI 的系数为 0.0518，对经济增长具有正效用。FDI 每增加 1 个百分点，经济总量增长 0.0518 个百分点。FDI 在 10％的统计水平上显著。这种正相关的关系表明，FDI 的流入将带动北京市整体经济的发展。十六个区的就业对经济增长具有显著的正效应，在 1％的统计水平上显著；固定资产投资对经济增长具有正效应，并且在 5％的统计水平上显著。

城六区的回归结果与北京市总体十六个区的回归结果具有差异。FDI 对经济增长的促进作用更为显著，统计上处于 1％的显著水平，同时系数为 0.208，说明 FDI 流入每增长 1 个百分点，经济总量增长 0.208 个百分点；就业的经济增长效应同样显著，但系数略低，为 0.99；值得注意的是，固定投资的回报率为负，系数为−0.153，这一结果与经济常识（Common Sense）正相反，增加资本投入，通常应该会增加产出，而不是减少产出。北京市城六区经济发展迅速、城区基础设施建设完善。经济理论表明，当资本投入达到一定程度时，会出现边际收益递减的情况。这里固定资本投入的系数为负，说明北京市城六区内固定投资已达到饱和状态，新增的固定投资不仅不能对经济增长起到拉动作用，反而会在一定程度上形成阻碍。

十个远郊区的回归结果显示，FDI 对北京市远郊区的经济增长的影响作用并不显著，远郊区的经济增长主要依赖就业与固定资本投入的拉动，其中就业的拉动作用几乎为固定资产投资拉动作用的两倍，可见就业对远郊区经济增长的核心作用。北京市远郊区与城六区相比，创造产值相对较低，服务业发展相对较慢，外资流入相对较少，尤其是流入信息、软件等知识、科技密集型的高端服务行业，新兴服务领域较少，基础设施建设相对缓慢，如大兴区以农业为主，怀柔区、门头沟区自然景观较多。因此，FDI 对远郊区的经济增长作用不明显，就业成为经济增长的主要动力；同时，与城六区相比，远郊区的固定资本投入对经济增长的促进作用较为显著，系数为 0.334，拉动作用较大。

三、结果分析

通过构建一个开放经济的两国两部门模型，分析 FDI、就业、经济增长之间相互作用的理论机制，并采用北京市十六个区 2006~2017 年的面板数据，通过构建一个开放经济的固定效应面板数据模型，实证检验外商直接投资（FDI）、就业及超大城市经济增长之间的影响效应。

研究结果表明，在两国、两部门的世界经济理论框架下，FDI、就业、经济增长具有交互影响，FDI 的变化会直接影响经济增长与就业。根据北京市十六个区的总体回归实证检验，FDI 的流入会促进北京市经济增长，同时，就业与固定资产投资也是北京市各区经济增长的驱动力；根据北京市城六区分样本的回归结果，FDI 对城六区的经济增长作用更为显著，就业同样是经济增长的核心动力，但城六区的固定资产投资已达饱和阶段，固定资产投资的增加对经济增长反而呈现出一定的抑制作用；远郊区分样本回归的结果则与城六区有较大差异，远郊区的固定资产投资对经济增长仍具备显著的正向拉动作用，就业的促进作用仍显著，但 FDI 对远郊区的经济增长作用不显著，一方面与北京市十个远郊区 FDI 流入总量及层次、流入产业有关，另一方面对北京市远郊区 FDI 的产业、行业引导尚待加强。

当前，北京市经济发展已步入服务经济模式，以产业结构的进一步优化，服务业的高速、高端化发展为主要特征，北京服务业试点全面开放，FDI 也进入了全新的发展阶段。在促进北京市经济创新发展方面，应着重注意以下几个方面：一是进一步合理引导外资投入行业，城六区产业发展相对成熟，在外资引入方面，应重点引导涵盖先进服务业管理经验、经营模式的外资投入高端服务行业和新兴行业，进一步提升外资的知识外溢效应；远郊区的外资引入方面，应根据各个区的自身特征，引导外资进入区重点发展的农业、物流或餐饮住宿等领域，进一步实现并扩大外资的正向溢出效应。二是注重就业创造及高端人才的培养，可以通过各种科研、科技合作方式，培养高端创新人才。也可通过多种途径引进高端人才。三是提高固定资产投资的回报率，应合理限制并引导城六区的固定资产投资，应该更严谨地规划，避免重复投资，将资本投入边际回报率较高的方面；对于远郊区的固定资产投资，应进一步加大投资力度，同时合理规划，进一步提高远郊十个区的固定资产投资回报率。四是进一步扩大开放，在北京市服务业全面开放的基础上，根据各区自身产业、行业优势及发展情况，合理规划行业发展，引导外资进入领域，充分利用外资的资本补充效应及外溢效应，以开放来促进创新发展。

第五章　基于 SFDI 的服务业结构升级研究

北京市经济发展已成为典型的"服务经济"发展模式,服务业已成为经济发展的核心驱动力,服务业产值、服务业就业、服务业实际利用外资都在三次产业中居于绝对重要地位,服务业行业结构和服务业的结构升级是北京市产业结构升级的重要内容。本章从服务业产出增长效应、服务业行业结构效应两个层面,探讨基于 SFDI 的北京市服务业结构升级。

第一节　服务业结构升级:服务增长层面

产业产出、产业就业和产业工资是产业结构的核心方面,本节通过构建一个开放经济的面板数据模型,以开放和政府干预作为制度变迁的代理变量,探讨制度变迁背景下,SFDI 与服务业产出、服务业就业、服务业工资水平之间的互动关系,从服务业增长层面探讨 SFDI 的服务业结构升级效应。

自 2015 年中国服务业产值超过年 GDP 占比的一半以来,中国经济发展已经逐步进入了服务经济模式,基于服务业开放的服务经济发展已成为超大城市经济发展的核心驱动力。北京作为经济、政治中心,第三产业就业人数占比为 80.6%,服务业 GDP 占比高达 80.5%,说明北京市的第三产业对经济增长做出了巨大贡献,同时,作为首批服务业开放城市,北京第三产业的发展为全国做出了典范。

北京、上海、广州和深圳四座特大城市的服务业均为经济发展的核心驱动力,服务业就业人数占比均超过 50%,且这四座城市在对外开放、政治因素与制度变迁方面非常具有代表性。这里将北京市 SFDI 与北京市服务业增长的关系探讨置于更为广阔的研究背景框架，纳入制度变迁因素的影响，探讨北京市基于 SFDI 的服务业增长与服务业升级。

一、模型设定与数据说明

（一）理论分析

进入 21 世纪以后，各国开始积极探索新经济发展方式，力图改变以往依赖增加劳动力、加大资本和资源投入的经济发展方式，以创新驱动作为新的主要经济增长路径。通过 C—D 生产函数可以测试出创新驱动对一个地区的经济增长的作用。20 世纪 30 年代，数学家柯布、经济学家道格拉斯提出的柯布—道格拉斯生产函数（以下简称 C—D 函数）分别为物质资源、人力资源的贡献价值提供了可行的解决方案。C—D 生产函数模型为：

$$Y = AK^\alpha L^\beta \qquad (5-1)$$

其中，Y 为工业总产值，K 为资本的投入量，L 为劳动的投入量，A 为全要素生产率(综合技术水平)。α 和 β 分别为资本弹性和劳动力的弹性。

在 $\alpha + \beta = 1$，即生产规模不变时，我们对式（5-1）两边同时取自然对数，可得到线性方程：

$$\ln Y = \ln A + \alpha \ln K + \beta \ln L + \mu \qquad (5-2)$$

从生产函数模型中可以看出，决定服务业发展的主要因素是服务业资金投入、劳动力投入、综合技术水平和综合技术水平，而通过对柯布—道格拉斯生产函数的应用，我们可以了解到资金投入、劳动力投入和技术水平对于服务业增长的贡献。本书将采用 C—D 生产函数分析中国服务业驱动型的四个超大城市，其外商直接投资、就业、制度变迁等因素对城市服务经济增长的影响及相互间的互动效应。

为了探讨制度变迁、外商直接投资、服务业就业等因素对服务经济增长的影响机制，先要对这些因素所产生的效应进行分析。对制度变迁的理解，可以从经济制度变迁、法律制度变迁、行政制度变迁等维度着手[①]，考虑到本书的研究背景及经济发展的实践，我国制度变迁主要表现为"改革"与"开放"的具体实践，尤其是城市经济发展，因此本书探讨制度变迁对城市服务经济增长的影响时，主要从政府干预及改革开放的角度出发选取相关代理变量。

政府干预可以改变资源配置的主体与机制、打破国有经济垄断、释放先进生产力、促进资源配置效率及产业结构升级，进而促进经济资源向服务业的集聚，因此以政府干预作为代理指标是适宜的。而对外开放使经济体的各个行业可以充分参与国际分工，进而获得更先进的技术、管理经验和丰富的资源，优化行业资源配置，进而促使资源向更高级的产业、行业集聚，促进经济发展。因此，使用能够表征对外开放水平的指标变量作为经济制度变迁的代理变量也是适当的。

（二）计量模型设定与数据说明

除了制度变迁和外商直接投资可能影响服务业增长外，技术水平、服务业固定资产投资、服务业就业等，也是影响技术进步或要素投入的重要因素。综合多种因素，本书设定以下计量模型：

$$\ln SGDP = \beta_0 + \beta_1 \ln SFDI_{it} + \beta_2 \ln SEMP_{it} +$$
$$\beta_4 \ln SFIX_{it} + \beta_7 \ln RD_{it} + \beta_5 OPEN_{it} +$$
$$\beta_6 GOV_{it} + \varepsilon_{it} \qquad (5-3)$$

其中，下标 i 为城市，t 为年份；$SGDP_{it}$ 为城市服务业产值增长，即本书所要研究的服务业经济增长；$SFDI_{it}$ 为服务业实际使用外资金额；$SEMP_{it}$ 为服务业劳动力投入人数，为各个城市年末就业人数；FIX_{it} 为城市固定资本投入，用城市年固定资产投资来表示。RD_{it} 为技术水平，用城市年 R&D 投入表示。用

[①] 如经济制度变迁促进了产权制度的演变，激发了劳动积极性，降低了交易成本，并促进了经济增长；在法律制度方面，当前法律体系具备市场经济系列特质，保障了中国经济的良性发展，代理变量可选用法律从业人员数、法律机构数；在行政制度方面，简政放权和社会管理与公共服务部门的职能界定也可以降低行政成本，提高市场活力，代理变量可选取科教文卫事业投资、基础设施投资等。

以下几个变量作为制度变迁因素的代理变量：在开放方面用 $OPEN_{it}$ 表示外贸依存度，用城市年进出口总额与城市 GDP 的比率来表示；用 GOV_{it} 表示政府干预指标，用城市政府年支出与城市年 GDP 的比率来进行衡量。

服务业增长指标直接选取四座城市 2006～2017 年的服务业 GDP。

服务业 GDP、服务业实际利用外资金额、服务业工人平均工资均以 2006 年为基年进行去通胀处理，以当年平均汇率进行汇率转换。所有数据来自《北京统计年鉴》《上海统计年鉴》《深圳统计年鉴》《广州统计年鉴》和《中国统计年鉴》，计量分析软件使用 Stata 15。

原始数据进行去通胀、转换汇率，并按式（5-3）进行对数处理后，从均值、标准差、最大值和最小值来看，数据整体标准差都较小，无异常值，为平衡面板数据。如表 5-1 所示。

表 5-1 数据统计特征

变量		均值	标准差	最小值	最大值	观测
lnSGDP	overall	9.571195	0.4334131	8.686203	10.31396	$N=48$
	between		0.3958323	8.927854	10.1259	$n=12$
	within		0.202891	9.307525	9.923024	$T=4$
lnSFDI	overall	5.122674	1.56419	2.17776	7.340753	$N=48$
	between		0.4053247	4.53752	5.863887	$n=12$
	within		1.514229	2.53379	6.693936	$T=4$
lnSEMP	overall	6.280127	0.3815914	5.61287	6.912942	$N=48$
	between		0.1927189	5.98237	6.553755	$n=12$
	within		0.3329296	5.903771	6.749806	$T=4$
lnFIX	overall	8.263671	0.52416	7.149657	9.083323	$N=48$
	between		0.3450589	7.746042	8.789071	$n=12$
	within		0.4040767	7.610259	8.82575	$T=4$
lnRD	overall	5.978323	0.9446575	3.100835	7.349086	$N=48$
	between		0.5674318	4.883246	6.705248	$n=12$
	within		0.7687332	4.195912	7.165786	$T=4$

续表

变量		均值	标准差	最小值	最大值	观测
OPEN	overall	0.8706303	0.4831128	0.1841462	1.699	N＝48
	between		0.1823652	0.5955627	1.1118	n＝12
	within		0.4497373	0.1597748	1.478987	T＝4
GOV	overall	0.2061633	0.0580058	0.0965134	0.3005327	N＝48
	between		0.0258557	0.1746869	0.2482806	n＝12
	within		0.0523338	0.1175482	0.308473	T＝4

二、模型检验

（一）混合回归

作为参照，首先进行混合回归。这里假定北京、上海、深圳、广州四个城市拥有一样的回归方程，假定不存在个体效应，即统一设定四个城市的混合回归方程为：

$$y_{it} = \alpha + x'\beta + z'_i\delta + \varepsilon_{it} \qquad (5-4)$$

其中，x_{it} 不包括常数项。

分别进行聚类稳健标准误混合回归、异方差稳健标准误的混合回归和普通标准误混合回归，对比结果如表5—2所示。

从表5—2结果可见，三种误差形式，结果差异较大，异方差稳健标准误与普通标准误的混合回归结果较为接近，只有政府干预不显著。聚类稳健标准误回归结果则与二者差异较大。聚类稳健标准误混合回归中，只有 OPEN 的结果在 10% 水平上显著，其他变量均不显著。由于混合回归假定北京、上海、深圳、广州具有相同的回归方程，虽然北京、上海、深圳、广州都是服务业较发达的超大开放城市，经济增长模式都是以服务业增长为驱动的服务经济发展模式，但由于每个城市都具有自身的特点，可能存在不随时间变动的自身城市特征因素，也就是个体差异或异质性，因此，我们要通过 F 检验来进一步确认混合回归的有效性。

表5-2 三种混合回归比较

lnSGDP	聚类稳健标准误			异方差稳健标准误			普通标准误		
	系数	标准差	P 值	系数	标准差	P 值	系数	标准差	P 值
lnSFDI	0.1314138	0.0828173	0.211	0.1314138	0.0456876	0.006	0.1314138	0.0476141	0.009
lnSEMP	−0.7204522	0.6641512	−0.357	−0.7204522	0.3487617	0.045	−0.7204522	0.2638341	0.009
lnFIX	0.5177384	0.2286282	0.108	0.5177384	0.1161504	0.000	0.5177384	0.1427097	0.001
lnRD	0.3767584	0.2383658	0.212	0.3767584	0.1200797	0.003	0.3767584	0.0958745	0.000
OPEN	−0.3353916	0.1184339	−0.066	−0.3353916	0.0893211	0.001	−0.3353916	0.0957525	0.001
GOV	0.3322742	1.323217	0.818	0.3322742	0.7980951	0.679	0.3322742	0.950502	0.728
_ cons	7.115233	3.04469	0.102	7.115233	1.381692	0.000	7.115233	1.223647	0.000

由于表5-3最后一行 F 检验的 P 值为 0.0000，因而强烈拒绝原假设，因此存在个体差异，混合回归结果并不具备有效性。应允许四个城市分别拥有自己的截距项。

表5-3 F 检验

lnSGDP	系数	标准差	T 值	P 值
lnSFDI	0.0795094	0.025388	3.13	0.002
lnSEMP	−0.497874	0.1486245	−3.35	0.002
lnFIX	0.1812361	0.0813795	2.23	0.034
lnRD	0.1047716	0.0622692	1.68	0.103
OPEN	0.2807603	0.081341	3.45	0.002
GOV	−1.18655	0.5385779	−2.20	0.035
_ cons	10.16676	0.714548	14.23	0.000
sigma _ u	0.41517735			
sigma _ e	0.06042366			
rho	0.97925832	(fraction of variance due to u _ i)		
F test that all u _ i=0：F (11, 30) =12.53		Prob>F=0.0000		

但由于这里 F 检验并未使用聚类稳健标准误，而普通标准误大约只是聚类稳健标准误的一半，因此，这里的 F 检验并不充分有效，还要进行 LSDV 检验，来进一步确定结果的有效性与科学性。

表5-4的检验结果显示，虚拟变量的 P 值均在 1% 统计水平上显著，强烈拒绝所有虚拟变量均为零的原假设，也就是说，每个城市均有不随时间变化的个体异质性，即个体效应。因此，这里应该使用个体效应模型。

表5-4 最小二乘虚拟变量模型检验

城市	系数	标准差	T 值	P 值
2	0.3191153	0.0635936	5.02	0.010
3	0.9818472	0.1302026	7.54	0.005
4	0.7344856	0.1026962	7.15	0.006
_cons	0.8620718	1.706587	0.51	0.648

(二) 固定效应和随机效应

假定具有个体效应的个体为 i，可得方程：

$$y_{it} = x'_{it}\beta + z'_i\delta + \mu_i + \varepsilon_i \tag{5-5}$$

将式 (5-5) 等号两边对时间取平均，可得方程：

$$\bar{y}_i = \bar{x}'_i\beta + z'_i\delta + u_i + \bar{\varepsilon}_i \tag{5-6}$$

用式 (5-5) 减去式 (5-6)，可获得离差形式[1]：

$$y_{it} - \bar{y}_i = (x_{it} - \bar{x}_i)'\beta + (\varepsilon_{it} - \bar{\varepsilon}_i) \tag{5-7}$$

这里，

$$\tilde{y}_{it} \equiv y_{it} - \bar{y}_i \tag{5-8}$$

$$\tilde{x}_{it} \equiv x_{it} - \bar{x}_i \tag{5-9}$$

$$\tilde{\varepsilon}_{it} \equiv \varepsilon_{it} - \bar{\varepsilon}_i \tag{5-10}$$

进而可得：

$$\bar{y}_{it} = \bar{x}'_{it}\beta + \tilde{\varepsilon}_{it} \tag{5-11}$$

由于这里不存在 u_i，假定 $\tilde{\varepsilon}_{it}$ 与 $\tilde{x}_{it}$ 不相关，则可用 OLS 来估计 $\hat{\beta}_{FE}$，β 为固定效应估计量或组内估计量。

对于式 (5-5)，随机效应模型假定 u_i 与解释变量 $\{\tilde{x}_{it}, z_i\}$ 均不相关，但由于随机扰动项由 $u_i + \varepsilon_{it}$ 构成，是非球形的，因此 OLS 估计虽然一致但不是最有效率的。同时，由于 u_i 的存在，导致同一个体不同时期的扰动项之间存在自相关，即

$$\text{Cov}(u_i + \varepsilon_{it}, u_i + \varepsilon_{is}) = \begin{cases} \delta_\mu^2, & t \neq s \\ \delta_\mu^2 + \delta_\varepsilon^2, & t = s \end{cases} \tag{5-12}$$

---

[1] 这种变换常被称为 "mean-differencing" 或 "time demeaning"。

其中，δ_μ^2 为 u_i 的方差，不随 i 变化而变化；δ_ε^2 为 ε_{it} 的方差，不随 i、t 变化而变化，自相关系数为：

$$\rho \equiv \mathrm{Corr}(u_i + \varepsilon_{it},\ u_i + \varepsilon_{is}) = \frac{\delta_\mu^2}{\delta_\mu^2 + \delta_\varepsilon^2},\ t \neq s \qquad (5-13)$$

随机效应模型中，同一个体不同时期的扰动项之间的自相关系数 ρ 不随时间间距 $(t-s)$ 而改变。

这里分别对式（5—3）进行固定效应模型回归和随机效应模型回归，回归分析结果如表 5—5 和表 5—6 所示。

表 5—5   固定效应模型回归

lnSGDP	系数	标准差	T 值	P 值	95％置信区间	
ln$SFDI$	0.0795094	0.0199144	3.99	0.002	0.0356782	0.1233406
ln$SEMP$	−0.497874	0.1116111	−4.46	0.001	−0.7435283	−0.2522197
lnFIX	0.1812361	0.1047038	1.73	0.111	−0.0492153	0.4116875
lnRD	0.1047716	0.0822984	1.27	0.229	−0.076366	0.2859093
$OPEN$	0.2807603	0.0705785	3.98	0.002	0.1254181	0.4361026
GOV	−1.18655	0.7284507	−1.63	0.132	−2.789859	0.4167596
_ cons	10.16676	0.5711553	17.8	0.000	8.909653	11.42386
sigma _ u	0.41517735					
sigma _ e	0.06042366					
rho	0.97925832					

表 5—6   随机效应模型回归

lnSGDP	系数	标准差	T 值	P 值	95％置信区间	
ln$SFDI$	0.1314138	0.0383468	3.43	0.001	0.0562554	0.2065721
ln$SEMP$	−0.7204522	0.2309154	−3.12	0.002	−1.173038	−0.2678664
lnFIX	0.5177384	0.1132756	4.57	0.000	0.2957222	0.7397546
lnRD	0.3767584	0.088505	4.26	0.000	0.2032917	0.550225
$OPEN$	−0.3353916	0.0712427	−4.71	0.000	−0.4750247	−0.1957586

续表

ln*SGDP*	系数	标准差	T 值	P 值	95％置信区间	
GOV	0.3322742	0.7697701	0.43	0.666	−1.176448	1.840996
_ cons	7.115233	1.117659	6.37	0.000	4.924662	9.305803
sigma _ u	0.41517735					
sigma _ e	0.06042366					
rho	0.00000000					

从固定效应模型回归和随机效应模型回归可见，二者的回归结果有一定差异。固定效应模型回归显示（见表5—5），SFDI、服务业就业、对外开放因素均对服务业增长具有显著作用，其中就业 SFDI、对外开放对服务业增长起到正向促进作用，服务业就业人数对服务业增长的作用为负。固定资产投资、研发投入和政府干预的作用并不显著。随机效应回归模型显示（见表5—6），除了政府干预外，其他因素都对服务业增长有显著作用，其中服务业就业人数与开放程度对服务业增长呈现出负向作用，SFDI、固定资产投资、研发投入为正向作用。

为了进一步确定固定效应模型回归与随机效应模型回归结果的有效性，这里进行 Hausman 检验，对两种模型回归结果进行进一步识别。

表5—7 的 Hausman 检验显示，P 值为 0.0000，强烈拒绝两种模型系数不存在系统性差异的原假设，因此，固定效应模型的回归结果更有效，即表5—5 中的回归结果更具科学性与可信性。

表5—7　Hausman 检验

	系数			
	(b)	(B)	(b−B)	sqrt(diag(V _ b−V _ B))
	FE	RE	Difference	S. E.
ln*SFDI*	0.0795094	0.1314138	−0.0519043	0.0192891
ln*SEMP*	−0.497874	−0.7204522	0.2225782	0.1443551
ln*FIX*	0.1812361	0.5177384	−0.3365023	0.0821646
ln*RD*	0.1047716	0.3767584	−0.2719867	0.0817602
OPEN	0.2807603	−0.3353916	0.616152	0.1338764

续表

	系数			
	(b)	(B)	(b−B)	sqrt(diag(V_b−V_B))
	FE	RE	Difference	S.E.
GOV	−1.18655	0.3322742	−1.518824	0.5331543
_cons	10.16676	7.115233	3.051524	0.770265

chi2(6) = (b−B)′[(V_b−V_B)^(−1)](b−B) = 33.12

Prob>chi2=0.0000

注：① (b) 为固定效应回归；(B) 为随机效应回归；(b−B) 为两个回归分析的差异；b＝在原假设 H0 与假设 Ha 下均一致；结果源自面板回归；B＝假设 Ha 下不一致，原假设 H0 下有效；结果源自面板回归。②原假设 H0 假定两者不存在系统性差异。

(三) 回归结果

从回归结果来看，服务业 FDI 的系数为 0.079，并且在 1% 的水平上显著，表明服务业外资每上升 1 个百分点，服务业产值将增长 0.089 个百分点，这种正相关的关系表明，服务业 FDI 的流入，将带动四个城市的服务经济增长。

服务业年终就业人数的系数显著为负，系数为−0.498，并且在 1% 的水平上显著，表明四个城市服务业就业人数的增长会降低服务业产值的增长。这一结果与常识正相反，劳动力投入增加，通常产出会增加而不是减少。北京、上海、深圳、广州四个超大城市早已成为服务业驱动的经济发展模式，近年来一直致力于发展以知识、科技密集型为特征的高端服务业。高端服务业及信息技术的发展，增加了对高端服务人才的需求，如高科技研发人员、高端金融人才、具有国际服务管理经验的管理人才，同时减少普通服务业从业人员，如一般餐饮、住宿服务业从业人员、普通物流服务从业人员等。高端服务业的发展对普通服务业从业人员的挤出数量要远大于高端服务业从业人员的就业吸纳数量。因此，当四个城市的高端服务业高速发展时，服务业产值增长，城市服务业进一步转型升级，表现为普通服务业从业人员数量的减少，也就是服务业从业人数总量的减少。进而说明，四个城市目前正在进行服务业的转型升级，着力发展知识、科技密集型的高端服务业，控制劳动力密集型的低端和一般服务业的发展。

回归结果显示城市固定投资和服务业研发投资对四个城市的服务业增长作用并不十分显著，说明目前四个城市的服务业固定资产投资和研发投资的回报率有待提高。

制度变迁方面，回归结果显示，服务业开放及服务贸易发展的系数显著为正，说明开放的环境、自由的服务贸易对四个城市的服务业增长及服务经济发展具有显著的正效应。政府干预的负面作用并不显著，说明从当前北京、上海、深圳和广州的服务业发展来看，四个城市致力于构建较良好的外部环境，鼓励并促进服务业的发展。

三、结果分析

本节研究结果表明，服务业外商直接投资的流入，在本书研究的时间区间内，对四个超大城市的服务业增长具有显著的正向促进作用，即服务业外商直接投资具有显著的正向外溢效应；服务业就业人数的增长对服务业产值增长具有显著的抑制效应，即单纯的服务业从业人数的增加，不能显著促进当前四个超大城市服务业产值的增长；制度变迁对服务经济增长的贡献方面，服务业开放及服务贸易会显著促进服务业增长，政府干预对于服务经济发展的影响并不显著；同样，城市固定投资和服务业研发投资对四个城市的服务业增长作用并不显著。

值得注意的是，服务业从业人数对四个城市的服务业增长呈现负效应，这与大部分生产函数增长因素分析所得到的结论相悖。说明单纯的服务业就业人数的增长不一定能带来服务业产出的增长，说明北京、上海、深圳和广州四个超大城市已步入知识、科技密集型的高端服务业发展阶段，对服务业从业人员的要求已从单纯的以"量"为优势的劳动密集型转化为以"质"为优势的知识、科技密集型。在劳动密集型的普通服务业从业人员的过度投入并不能实现四个超大城市的服务业增长。

当前北京、上海、深圳、广州正处于服务业高速、高端化发展的转型时期，北京服务业试点全面开放，服务业外商直接投资也进入新的发展阶段。目前，我国正处于产业结构升级的转型时期，面临发展战略性新兴产业和改造传统产业两方面任务，外商直接投资已进入新的发展阶段。在促进四个超大城市服务业高端化和创新发展方面，应着重注意以下几个方面：一是合理引导外资投入行业，重点引导涵盖先进服务业管理经验、经营模式的外资投入高端服务行业和新兴行业，进一步提升外资的知识外溢效应。二是着重培养服务业高端人才，超大城市的服务业增长需要依靠高端的知识密集型服务业从业人员来实现，可以通过各种科研、科技合作方式，培养高端服务人才，也可通过多种途径引进高端服务人才。三是提高服务业研发投资的回报率，引导服务研发领域向服务业高端、创新发展倾斜，同时注重服务业研发投资的知识产权保护问题，进而在服务领域研发投资的意愿。四是进一步扩大开放，在北京市服务业全面开放的基础上，上海、深圳、广州逐步实现服务业全面开放，以开放来促进超大城市服务业的高端、创新发展。

第二节　服务业结构升级：行业分布层面

服务业结构的突出表征就是服务业行业的产值、就业及工资水平，下面根据服务业行业实际利用外资的特征，以及北京市服务业各行业科技、知识密集程度，将北京市服务业划分为一般服务业、商务服务业、高科技型服务业、房地产业和其他服务业五个行业类别，并从行业分布层面探讨北京市基于 SFDI 的服务业结构升级。

一、模型设定与数据说明

根据第三章对 FDI 与就业、产出、工资之间互动机理的探讨，FDI 的变化会深刻影响就业、产出（GDP）、工资，根据上述理论模型，外商直接投资、就业和经济增长具有交互影响，同时国内投资也是影响就业与产出的因素，因此这里设定以下计量模型：

$$\ln SGDP_{it} = \alpha + \beta_1 \ln SFDI_{it} + \beta_2 \ln SEMP_{it} + \beta_3 \ln SWAGE_{it} + \varepsilon_{it}$$

$$(5-14)$$

其中，下标 i 为北京市就业服务业行业类别，t 为年份；$SGDP_{it}$ 为北京市各服务业行业类别 t 时期的产出，由各类别包含的各行业当年产出加总获得；

$SFDI_{it}$ 为北京市各服务业行业类别 t 时期内实际使用外资金额，由各行业类别涵盖的各行业当年实际利用外资额加总获得；$SEMP_{it}$ 为北京市各服务业行业类别 t 时期就业水平，为各行业类别包含的各服务业行业年末就业人数加总获得；$SWAGE_{it}$ 为北京市各服务业行业类别 t 时期的平均工资，由各类别包含的各行业当年平均工资及年底就业人数加权平均获得。[①]

由于北京市 FDI 流入服务业行业统计口径与北京市服务业行业就业、行业产出和行业工资的统计口径并不完全一致，为了探讨北京市 FDI 流入对具体服务业行业类别的具体影响，尤其是高端服务业行业就业等具体行业 SFDI 的就业效应，这里根据技术、知识密集程度，将北京市 SFDI 流入和北京市服务业就业的行业分为一般服务行业、商务服务业、高科技型服务业、房地产业和其他行业五个类别。

具体来看，SFDI 流入方面，行业类别具体划分为：

（1）一般服务行业：包括批发与零售业、住宿和餐饮业。

（2）商务服务行业：租赁和商务服务业。

（3）高科技型服务行业：包括信息传输、计算机服务和软件业。

（4）房地产业：房地产业。

（5）其他行业：以上未涵盖的外资流入行业。

就业、产值及工资水平方面，行业类别的具体划分为：

（1）一般服务行业：包括批发与零售业，交通运输、仓储和邮政业，住宿和餐饮业。

（2）商务服务业：租赁和商务服务业。

（3）高端服务行业：包括信息传输、软件和信息技术服务业，金融业，科学研究和技术服务业，教育。[②]

（4）房地产业：房地产业。

（5）其他服务行业：包含水利、环境和公共设施管理业，居民服务、修

---

① 由于行业技术水平及行业工作人员学历水平相关统计缺失，行业就业的素质因素由行业平均工资来表征。

② 本书中，以科技、知识的密集程度来界定高端服务行业，因此将信息传输、软件和信息技术服务业，金融业，科学研究和技术服务业，教育行业纳入高端服务行业。

理和其他服务业，卫生和社会工作，文化、体育和娱乐业，公共管理、社会保障和社会组织。

这里选取 2008～2017 年北京市数据，实际利用外资金额、行业产值、行业工资皆以万元人民币为单位，根据国家统计局数据当年汇率和 CPI，以 2007 年为基年进行换算和去除通货膨胀处理。所有数据来自 2009～2018 年《北京统计年鉴》《北京区域统计年鉴》和《中国城市统计年鉴》，计量软件使用 Stata 15。

原始数据进行去通胀、转换汇率，并按式（5－14）进行对数处理后，从均值、标准差、最大值和最小值来看，数据整体标准差都较小，无异常值，为平衡面板数据（见表5－8）。

表 5－8　数据统计特征

变量		均值	标准差	最小值	最大值	观测量
ln$SGDP$	overall	7.688776	0.722587	6.582943	9.383301	$N=50$
	between		0.71915	7.103408	8.777247	$n=5$
	within		0.316145	7.050392	8.294829	$T=10$
ln$SFDI$	overall	13.65767	0.735787	12.03865	15.98547	$N=50$
	between		0.291369	13.32252	14.01459	$n=5$
	within		0.687081	12.37379	16.01609	$T=10$
ln$SEMP$	overall	4.864732	0.597009	3.676301	5.764878	$N=50$
	between		0.637977	3.88602	5.463002	$n=5$
	within		0.155445	4.543394	5.230903	$T=10$
ln$SWAGE$	overall	11.17009	0.381091	10.46183	11.99374	$N=50$
	between		0.263154	10.9158	11.59956	$n=5$
	within		0.297825	10.63562	11.66944	$T=10$

五个行业类别的产出时间趋势如图 5－1 所示，分别是一般服务行业、商务服务行业、高端服务业、房地产业和其他服务业。从图 5－1 可见，高端服务行业和其他服务行业的时间趋势最明显，呈现出较为显著的线性特征，房地产业波动较大，一般服务业与商务服务业呈现出稍显光滑的曲线特征。

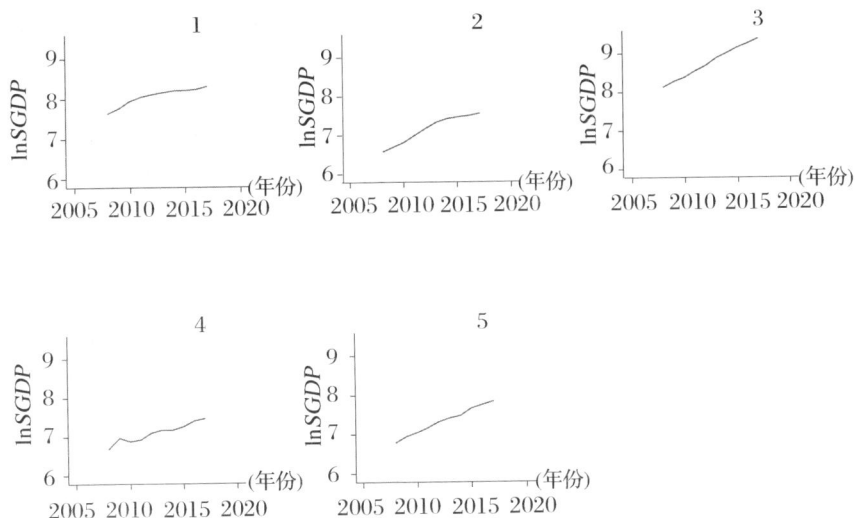

图 5—1 服务行业类别产出时间趋势

二、模型检验

（一）混合回归

作为参照，这里首先对式（5—14）进行混合回归。混合回归假定每个行业类别都拥有一样的回归方程，并假定不存在个体效应。这里根据混合回归标准差的不同估计方法，分别进行聚类稳健标准误混合回归、异方差稳健标准误混合回归和普通标准误混合回归。三种混合回归结果如表 5—9 所示。

表 5—9 不同标准误混合回归结果

lnSGDP	普通标准误			异方差稳健标准误			聚类稳健标准误		
	系数	标准差	P>|t|	系数	标准差	P>|t|	系数	标准差	P>|t|
lnSFDI	−0.151408	0.067467	0.030	−0.151408	0.067368	0.029	−0.151408	0.043470	0.025
lnSEMP	0.765581	0.084889	0.000	0.765581	0.074525	0.000	0.765581	0.201250	0.019
lnSWAGE	0.890420	0.142320	0.000	0.890420	0.124155	0.000	0.890420	0.220064	0.016
_cons	−3.913771	1.412655	0.008	−3.913771	1.613818	0.019	−3.913771	2.647678	0.213

从三种混合回归的标准差来看，聚类稳健标准误的标准差数值相对比普通标准误和异方差稳健标准误的标准差要高出一些。三种回归的结果相对来说

较为接近，都是 SFDI 对产出有负向的显著影响，服务业行业就业与服务业行业工资水平对服务业行业产出呈现出正向的显著影响。

混合回归的前提假定是五个服务业行业类别具有相同的个体特征，即不存在个体差异。五个服务业行业类别是根据北京市服务行业的技术、知识、资本密集程度来进行划分的，基础服务行业、房地产业和高端服务行业由于其劳动、资本、知识的密集程度不同，发展模式不同，因而可能会有各自不随时间变化的个体差异或异质性，因此，要通过 F 检验来进一步确认混合回归前提假定的有效性与真实性。

混合回归有效性的检验结果如表 5—10 所示，最后一行的 P 值显示为 0.0000，强烈拒绝个体效应全部为零的原假设，因而表 5—9 的混合回归结果有偏，不具备有效性，即每个服务行业类别都应该有自己的截距项。

表 5—10　F 检验

ln$SGDP$	系数	标准差	T 值	P>t	95％置信区间	
ln$SFDI$	0.022297	0.022063	1.01	0.318	−0.02223	0.066822
ln$SEMP$	0.633338	0.162661	3.89	0.000	0.305076	0.961600
ln$SWAGE$	0.704906	0.090013	7.83	0.000	0.523251	0.886560
_ cons	−3.570625	0.513064	−6.96	0.000	−4.60603	−2.53522
sigma _ u	0.370745					
sigma _ e	0.095024					
rho	0.938357	(fraction of variance due to u _ i)				
test that all	u _ i=0：F（5，51）=121.31　Prob>F=0.0000					

由于 F 检验的标准误并没有使用聚类稳健标准误，其标准误数值偏低，为了进一步确认个体效应的存在性，这里进一步进行二乘虚拟变量（LSDV）估计，结果如表 5—11 所示。

表 5—11　最小二乘虚拟变量估计

ln$SGDP$	系数	标准差	T 值	P>t	95％置信区间	
ln$SFDI$	0.0222968	0.02997	0.74	0.498	−0.06091	0.105507
ln$SEMP$	0.6333381	0.41421	1.53	0.201	−0.51669	1.783369

ln*SGDP*	系数	标准差	T 值	P＞t	95％置信区间	
ln*SWAGE*	0.7049056	0.245023	2.88	0.045	0.024613	1.385199
行业类别						
2	−0.680642	0.299757	−2.27	0.086	−1.5129	0.151618
3	0.1959649	0.147163	1.33	0.254	−0.21263	0.604556
4	−0.054464	0.651274	−0.08	0.937	−1.86269	1.753763
5	−0.518574	0.315493	−1.64	0.176	−1.39452	0.357376
＿cons	−3.359082	1.348013	−2.49	0.067	−7.10177	0.383603

LSDV 估计显示，行业类别 2 虚拟变量的 P 值相对显著，可以拒绝所有虚拟变量均为零的原假设，进一步确认了混合回归结果的无效性，应使用个体效应模型进行估计。个体效应估计包括固定效应模型和随机效应模型，这里分别对两种模型进行回归，并进一步检验两种回归结果的有效性。

（二）固定效应与随机效应

表 5—12 的固定效应模型回归结果显示，服务业行业外资与服务业行业就业人数对服务业行业产出增长的作用均不显著，唯有服务业行业工资水平对服务业行业产出呈现出较显著的正向促进作用。

表 5—12　固定效应模型回归结果

ln*SGDP*	系数	标准差	T 值	P＞t	95％置信区间	
ln*SFDI*	0.022297	0.028638	0.78	0.480	−0.05721	0.101807
ln*SEMP*	0.633338	0.395791	1.6	0.185	−0.46555	1.732231
ln*SWAGE*	0.704906	0.234128	3.01	0.040	0.054863	1.354948
＿cons	−3.570625	1.315419	−2.71	0.053	−7.22281	0.081562
sigma＿u	0.370745					
sigma＿e	0.095024					
rho	0.938357					

随机效应模型回归结果（见表 5—13）显示，行业外资对服务业行业产出

增长作用不显著，但服务业行业就业和服务业行业工资均有助于行业产出的增长。两者的主要差异为在服务业行业就业中的作用是否显著。

表 5－13　随机效应模型回归结果

lnSGDP	系数	标准差	t 值	P＞t	95％置信区间	
lnSFDI	0.019240	0.025803	0.75	0.456	−0.03133	0.069812
lnSEMP	0.702179	0.271193	2.59	0.010	0.170651	1.233708
lnSWAGE	0.682060	0.167783	4.07	0.000	0.353212	1.010908
＿cons	−3.608587	1.401374	−2.58	0.010	−6.35523	−0.86194
sigma＿u	0.207142					
sigma＿e	0.095024					
rho	0.826144	(fraction of variance due to u＿i)				

（三）进一步检验

为了进一步判断固定效应模型与随机效应模型回归结果的有效性，这里对其进行 Hausman 检验。Hausman 检验结果显示，P 值为 0.0502，在 10％的统计水平上拒绝原假设，即固定效应模型的检验结果更具有效性。如表 5－14 所示。

表 5－14　Hausman 检验

	系数			
	(b)	(B)	(b−B)	sqrt(diag(V＿b−V＿B))
	FE	RE	Difference	S. E.
lnSFDI	0.022297	0.019240	0.003057	0.003018
lnGDP	0.633338	0.702179	−0.068841	0.120239
lnWAGE	0.704906	0.682060	0.022845	0.054531
＿cons	−3.570625	−3.608587	0.037962	0

chi2 (6) ＝ (b−B)′〔(V＿b−V＿B)^(−1)〕(b−B) ＝9.48

Prob＞chi2＝0.0502

注：①这里 b＝H0 与 Ha 假设下均一致；B＝Ha 假设下不一致，H0 假设下一致。②检验原假设 H0：固定效应回归与随机效应回归不存在显著差异。

三、结果分析

固定效应模型回归结果显示（见表5—12），服务业行业工资水平对服务业行业增长具有显著正向效应，行业工资水平每增长1%，将促进行业产出增长0.704906%。服务业行业外商直接投资的使用和服务业行业就业人数对行业产出的作用不明确。

结论表明：一是服务业外商直接投资在服务业行业内的溢出效应不显著。SFDI 流入服务业行业，会对北京市本土服务行业产生正向的知识、技术溢出和负向的竞争、排斥效应，两种效应的综合表征为 SFDI 对服务行业的具体溢出效应，这里 SFDI 流入对服务行业的综合溢出效应统计上并不明确，说明 SFDI 的溢出效应不确定。二是服务业行业就业人数的变化与服务业行业产出的变化关系不明确，这点与常识相悖，根据道格拉斯生产函数，劳动投入的增加会促进产出的增加。究其原因有两个方面：一方面，服务行业增加的劳动力类型与服务行业需求的劳动力具有一定程度的错位。北京市致力于发展科技、知识密集型的高端服务业。高端服务业要求劳动投入为高度技术、知识密集程度的高端劳动，高端劳动的投入会对一般劳动、资本密集型的劳动投入产生较强的替代作用。在服务业高端化的过程中，高端劳动投入的增加会替代相对比例更多的一般劳动投入，表征为高端服务从业人员的增加，会减少更多的一般服务人员的就业数量。而一般劳动就业人数的增加，并不能显著促进高端服务行业的发展。另一方面，北京市服务行业的全要素生产率有待提高。2015年，北京市服务行业首次试点开放以来，服务业发展迅猛，同时，高科技、高国际化层次的高端服务业得到较快发展，但整体来说，服务行业仍存在一定程度的中低端锁定问题。

因而，北京市在利用 SFDI 促进服务业行业结构升级方面，应着重注意以下问题：首先，注意 SFDI 的行业引导，促进 SFDI 正向外溢效应的发挥。应着重筛选高质量 SFDI 流向科技、知识密集的高端服务业和新兴服务业，引导具有先进技术、生产经营和管理模式的 SFDI 流入一般服务业，鼓励北京本土企业对 SFDI 的承接与学习，促进 SFDI 在高端服务业和一般服务业中的正向外溢效应的发挥，进而促进服务行业升级。其次，注重服务行业的创新发展。

鼓励服务行业研发投资，鼓励研发成果的产业应用，保护服务行业的知识产权，进而提高服务行业的科技、知识水平，促进服务行业全要素生产率的提高。最后，注重服务行业高端人才的培养。北京市服务业行业结构的升级、行业生产率的提高都离不开高端服务人才，注重高端创新服务人才的培养和引进，提高服务业劳动投入的质量与层次，进而促进北京市服务行业结构升级与创新发展。

第六章 基于 SFDI 的就业结构优化研究

作为产业结构的重要方面，就业结构更能反映真实生产生活方式、影响收入分配，是衡量城市真实发展水平与阶段的重要标志。本章从就业行业结构、空间结构、素质结构耦合系统，就业结构的空间分布结构和就业结构的行业分布三个层面，研究北京市基于 SFDI 的就业结构优化。

第一节 就业结构优化：耦合机制层面

北京市实际利用 FDI 与北京市就业结构都经历了发展演变的过程，为了进一步探讨两者作为两个独立系统各自的发展程度，以及作为具有互动效应的两个系统之间的真实互动关系，这里借鉴物理学中的耦合理念，构建双系统耦合模型，在理论分析的基础上，从 FDI 与就业的行业结构、空间结构、素质结构三个层面，依照六个行业类别、四个空间区域，探讨北京市 FDI 与就业结构的耦合协调机理与优化调控模式及北京市就业结构优化问题。

一、北京市 FDI 与就业结构耦合协调模型

（一）基于熵值法的双系统耦合模型构建

根据物理学中的耦合理念，构建双系统耦合模型：

$$x_i = (X_i - \mathrm{Min}X_i)/(\mathrm{Max}X_i - \mathrm{Min}X_i) \tag{6-1}$$

$$f_i(x) = \sum_{i=1}^{n} \alpha_i x_i \tag{6-2}$$

$$\sum_{i=1}^{n} \alpha_i = 1 \tag{6-3}$$

其中，X_i 是 FDI 序参量，表示 FDI 子系统中第 i 个指标（$i=1$，2，…，n），$MaxX_i$、$MinX_i$ 分别是 FDI 参量上、下限值，则 FDI 序参量功效系数为 x_i［见式（6-1）］；$x_i \subset [0,1]$，FDI 综合序参量为 $f(x)$［见式（6-2）］，$f(x)$ 值越大，表明 FDI 的发展水平越高，此外，α_i 是各序参量权重。

$$y_i = (Y_i - MinY_i)/(MaxY_i - MinY_i) \tag{6-4}$$

$$f_i(y) = \sum_{i=1}^{n} \beta_i y_i \tag{6-5}$$

$$\sum_{i=1}^{n} \beta_i = 1 \tag{6-6}$$

其中，Y_i 是就业结构序参量，表示就业结构子系统中第 i 个指标（$i=1$，2，…，n），$MaxY_i$、$MinY_i$ 分别是就业结构参量上、下限值，则就业结构序参量功效系数为 y_i［见式（6-3）］，$y_i \subset [0,1]$，就业结构综合序参量为 $f(y)$［见式（6-4）］，$f(y)$ 值越大，表明就业结构发展水平越高，此外，β_i 是各序参量权重。

在这里所构建的耦合协调度模型中，我们还需要确定 FDI 及就业结构各序参量的权重，即确定 α_i 和 β_i 值。

为避免主观影响，本章采用 Shannon 的熵值赋权法[1]，具体步骤如下：

第一步，序参量的无量纲化。设 λ_{ij} 为 i 样本中序参量，即 i 样本中第 j 个指标（i 是样本，j 是指标，$i=1$，2，…，n；$j=1$，2，…，m），其无量纲化处理公式为：

$$\lambda_{it} = \frac{U_{ij} - Min(\lambda_{ij})}{Max(\lambda_{ij}) - Min(\lambda_{ij})} \tag{6-7}$$

第二步，计算序参量比重。

$$\gamma_{it} = \frac{\lambda_{ij}}{\sum_{i=1}^{n} \lambda_{ij}} \tag{6-8}$$

① C. E. Shannon. A Mathematical Theory of Communication ［J］. Bell System Technical Journal，1948（3）：3-55.

第三步，计算熵值。

$$s_j = -\sum_{i=1}^{n} \gamma_{ij} In\gamma_{ij} \tag{6-9}$$

第四步，计算熵值的信息效应值。

$$\rho_j = 1 - s_j \tag{6-10}$$

第五步，得到序参量权重。

$$\kappa_j = \frac{\rho_j}{\sum_{j=1}^{m} \rho_j} \tag{6-11}$$

这里将根据上述熵值赋权法步骤，分别计算出 FDI 及就业结构各序参量的权重，也就是 α_i 和 β_i 的值。并根据 α_i 和 β_i 的值，以及式（6—1）、式（6—2）、式（6—4）、式（6—5）分别计算出 $f(x)$ 与 $f(y)$ 的值。

当 $f(x) > f(y)$ 时，表明 FDI 的发展水平高于就业结构的发展水平，且 FDI 的发展对就业结构的促进作用大于就业结构的发展对 FDI 的促进作用；当 $f(x) < f(y)$ 时，表明 FDI 的发展水平落后于就业结构的发展水平，且 FDI 的发展对就业结构的促进作用小于就业结构的发展对 FDI 的促进作用。

根据式（6—2）、式（6—4），我们首先得到 FDI 与就业结构的耦合函数 C：

$$C(f_i(x), f_i(y)) = 2\left[\sqrt{f_i(x) \times f_i(y)} / (f_i(x) + f_i(y))\right] \tag{6-12}$$

$C(f_i(x), f_i(y)) = 0$，表示两系统之间无关联，两系统耦合关系极差；当 $0 < C \leqslant 0.3$ 时，表示 X 系统发展滞后，Y 系统以发展为主，二者处于低水平耦合；当 $0.3 < C(f_i(x), f_i(y)) < 0.5$ 时，表示 Y 系统发展滞后，X 系统以发展为主，二者处于中度水平耦合；当 $0.5 \leqslant C(f_i(x), f_i(y)) \leqslant 0.8$ 时，X 系统与 Y 系统良性耦合；当 $0.8 \leqslant C(f_i(x), f_i(y)) < 1$ 时，X 系统与 Y 系统互动发展，二者处于高水平耦合；当 $C(f_i(x), f_i(y)) = 1$ 时，X 系统与 Y 系统有序互动发展，二者耦合度最高。

（二）耦合协调度与协调度评价标准框架

$C(f_i(x), f_i(y))$ 耦合函数值越接近于 1，说明两者耦合程度越高。但当两系统发展水平都很低且发展水平相当时，$C(f_i(x)，f_i(y))$ 值也会接近 1，从而出现高水平耦合"伪协调"现象，因此，我们需要在式（6—12）的基础上计算耦合协调度函数 D ［见式（6—13）］，以同时体现两者耦合程度和两者的真实发展水平。在各系统指标计算结果的基础上，得出其系统间的耦合度：

$$D(f_i(x)，f_i(y)) = \sqrt{C \times T}，T = Af_i(x) + Bf_i(y) \quad (6-13)$$

其中，A 是 FDI 对产业协调发展的作用，B 是就业结构对 FDI 发展的作用。根据中国及北京外商直接投资及就业发展实际情况，以及外商直接投资与就业之间的互动作用，本书中定义 $a = 0.6，b = 0.4$。[①]

$D(f_i(x)，f_i(y))$ 值为两系统间耦合协调度，当 $D(f_i(x)，f_i(y)) \in [0，0.01]$ 时，两系统无任何耦合关系；当 $D(f_i(x)，f_i(y)) \in (0.01，0.29]$ 时，表示两者的发展处于低水平阶段，低水平耦合阶段又可分为极度失调衰退、严重失调衰退和中度失调衰退三个子阶段（见表 6—1），此期间系统处于低水平耦合阶段，要素之间的影响不大，系统基本不调和，处于失调状态。

表6—1　耦合协调度评价标准

关联度	类型	耦合阶段
[0.00，0.01]	无耦合	无耦合
(0.01，0.10]	极度失调衰退	
(0.10，0.20]	严重失调衰退	
(0.20，0.30]	中度失调衰退	低水平耦合
(0.30，0.40]	轻度失调衰退	
(0.40，0.50]	濒临失调衰退	中度耦合
(0.50，0.60]	勉强协调发展	
(0.60，0.70]	初级协调发展	良性耦合阶段

① 根据前人研究结果及中国与北京市 FDI 与就业的真实情况，基于 FDI 的外资企业在吸纳和创造就业上的作用已成为一定程度上的共识，可参见本书的文献综述部分；就业对 FDI 的作用显得相对弱一些。这些方面的研究可以参阅 FDI 与就业之间的因果推断研究，如 Liyan Liu（2011，2012）。

续表

关联度	类型	耦合阶段
(0.70, 0.80]	中级协调发展	
(0.80, 0.90]	良好协调发展	
(0.90, 0.99]	优质协调发展	高水平耦合
(0.99, 1.00]	完全耦合	完全耦合

注：吴文恒等（2006）根据指标特点并参照前人研究，将系统耦合阶段分成四个阶段：低水平阶段、拮抗阶段、磨合阶段和高水平耦合阶段。

当 $D(f_i(x), f_i(y)) \in (0.3, 0.60]$ 时，要素之间的互相影响不明显，两系统之间关系基本不调和，系统处在中度水平耦合阶段，此阶段分为轻度失调衰退、濒临失调衰退、勉强协调发展三个子阶段；当 $D(f_i(x), f_i(y)) \in (0.60, 0.80]$ 时，要素之间存在一定的互相影响，系统之间勉强调和，处在良性耦合阶段；当 $D(f_i(x), f_i(y)) \in (0.8, 0.99]$ 时，要素之间的相互作用明显，系统之间协调发展，处于高水平耦合阶段；当 $D(f_i(x), f_i(y)) \in (0.99, 1.00]$ 时，发展轨迹完全相同，处于完全耦合状态。

二、北京市 FDI 与就业结构耦合测度指标体系

本章将从 FDI 与北京市就业的行业结构、素质结构与空间结构三个层面来探讨 FDI 与北京市就业的耦合效应及其测度，也根据这三个方面来相应地建立指标体系。

（一）北京市 FDI 与就业行业结构耦合测度指标体系

北京市 FDI 与就业的行业结构耦合测度指标设定，根据北京市 FDI 行业流入结构特征，将行业分为基础行业、一般服务行业、商务服务业、高科技型服务业、房地产业和其他服务行业。其中，FDI 流入的基础行业包括农、林、牧、渔业，制造业，建筑业，FDI 流入的一般服务行业包括批发与零售业、住宿和餐饮业，FDI 流入的商务服务业为租赁和商务服务业，FDI 高科技服务业包括信息传输、计算机服务和软件业。就业的行业结构方面，分为行业从业和行业工资两个一级指标，二级指标包括基础行业从业、一般服务

行业从业、商务服务业从业、高科技型服务业从业、房地产业从业和其他服务行业从业，行业工资包括基础行业平均工资、一般服务行业平均工资、商务服务业平均工资、高科技型服务业平均工资、房地产业平均工资和其他服务行业平均工资。其中基础行业包括农、林、牧、渔业，采矿业，制造业，电力、热力、燃气及水的生产和供应业，建筑业；一般服务行业包括批发与零售业，交通运输、仓储和邮政业，住宿和餐饮业；商务服务业包括租赁和商务服务业；高科技型服务业包括信息传输、软件和信息技术服务业，金融业，科学研究和技术服务业，教育；[①] 其他服务行业包括水利、环境和公共设施管理业，居民服务、修理和其他服务业，卫生和社会工作，文化、体育和娱乐业，公共管理、社会保障和社会组织。具体如表6-2所示。

表6-2　FDI与北京市就业的行业结构指标选取

内容	一级指标	二级指标
北京市 FDI 指标体系	FDI 行业流入	基础行业（S_1）
		一般服务行业（S_2）
		商务服务业（S_3）
		高科技型服务业（S_4）
		房地产业（S_5）
		其他服务行业（S_6）
	FDI 行业流入结构	基础行业占比（S_7）
		一般服务行业占比（S_8）
		商务服务业占比（S_9）
		高科技型服务业占比（S_{10}）
		房地产业占比（S_{11}）
		其他服务行业占比（S_{12}）

---

① 本书以科技、知识的密集程度来界定高端服务行业，因此将信息传输、软件和信息技术服务业，金融业，科学研究和技术服务业，教育行业纳入高端服务行业。

内容	一级指标	二级指标
北京市就业行业结构指标体系	行业从业	基础行业从业（G_1）
		一般服务行业从业（G_2）
		商务服务业从业（G_3）
		高科技型服务业从业（G_4）
		房地产业从业（G_5）
		其他服务行业从业（G_6）
	行业工资	基础行业平均工资（G_7）
		一般服务行业平均工资（G_8）
		商务服务业平均工资（G_9）
		高科技型服务业平均工资（G_{10}）
		房地产业平均工资（G_{11}）
		其他服务行业平均工资（G_{12}）

（二）北京市 FDI 与就业素质结构耦合测度指标体系

北京市 FDI 与就业的素质结构耦合测度指标设定，FDI 质量结构方面，根据 FDI 流入质量特征和质量结构，设定北京市实际利用 FDI、制造业实际利用 FDI、服务业实际利用 FDI、高科技型服务业实际利用 FDI 指标来考察北京市实际利用 FDI 的质量特征；利用制造业实际利用 FDI 占比、服务业实际利用 FDI 占比、高科技型服务业实际利用 FDI 占比来刻画 FDI 流入的质量结构。北京市就业的素质结构方面，分为人员素质结构、工资结构和技术水平三方面，来描述北京市就业的素质结构。具体包括制造业就业人数占比、服务业就业人数占比、高科技型服务业就业人数占比；制造业平均工资、服务业平均工资、高科技型服务行业平均工资；科技活动人员、专利申请（见表 6—3）。

表6-3 FDI与北京市就业的素质结构指标选取

内容	一级指标	二级指标
FDI质量结构	FDI流入质量特征	北京市实际利用FDI（Q_1）
		制造业实际利用FDI（Q_2）
		服务业实际利用FDI（Q_3）
		高科技型服务业实际利用FDI（Q_4）
	FDI流入质量结构	制造业实际利用FDI占比（Q_5）
		服务业实际利用FDI占比（Q_6）
		高科技型服务业实际利用FDI占比（Q_7）
就业的素质结构	人员素质结构	制造业就业人数占比（H_1）
		服务业就业人数占比（H_2）
		高科技型服务业就业人数占比（H_3）
	工资结构	制造业平均工资（H_4）
		服务业平均工资（H_5）
		高科技型服务业平均工资（H_6）
	技术水平	科技活动人员（H_7）
		专利申请量（H_8）

（三）北京市FDI与就业空间结构耦合测度指标体系

北京市FDI与就业的空间结构耦合测度指标设定，根据北京市各区的空间分布情况，将北京市十六个区分为中心城区、城区、近郊区、远郊区四个层次。中心城区包括东城区、西城区；城区包括朝阳区、丰台区、石景山区和海淀区四个区；近郊区包括通州区、大兴区、昌平区、顺义区、门头沟区、房山区六个区；远郊区包括密云区、延庆区、平谷区、怀柔区四个区。FDI流入空间结构指标包括北京市实际利用FDI、中心城区实际利用FDI、城区实际利用FDI、近郊城区实际利用FDI、远郊城区实际利用FDI、中心城区实际利用FDI占比、城区实际利用FDI占比、近郊城区实际利用FDI占比、远郊城区实际利用FDI占比9个指标；就业的空间结构包括空间就业、空间结构和平均工资三个方面，具体为北京市总就业人数、中心城区就业人数、城区就业人数、近郊城区就业人数、远郊城区就业人数、中心城区就业人数占比、城区就业人数占比、近郊城区就业人数占比、远郊城区就业人数占比、北京市城镇在岗职工年末平均工资、中心城区平均工资、城区平均工资、近郊城区平均工资、远郊城区平均工资，共 14 个指标（见表 6—4）。

表 6—4 FDI 与北京市就业的素质结构指标选取

内容	一级指标	二级指标
FDI 空间结构	FDI 空间流入	北京市实际利用 FDI（D_1）
		中心城区实际利用 FDI（D_2）
		城区实际利用 FDI（D_3）
		近郊城区实际利用 FDI（D_4）
		远郊城区实际利用 FDI（D_5）
	FDI 流入空间结构	中心城区实际利用 FDI 占比（D_6）
		城区实际利用 FDI 占比（D_7）
		近郊城区实际利用 FDI 占比（D_8）
		远郊城区实际利用 FDI 占比（D_9）
就业的空间结构	空间就业	北京市总就业人数（Z_1）
		中心城区就业人数（Z_2）
		城区就业人数（Z_3）
		近郊城区就业人数（Z_4）
		远郊城区就业人数（Z_5）
	空间结构	中心城区就业人数占比（Z_6）
		城区就业人数占比（Z_7）
		近郊城区就业人数占比（Z_8）
		远郊城区就业人数占比（Z_9）
	平均工资	北京市城镇在岗职工年末平均工资（Z_{10}）
		中心城区平均工资（Z_{11}）
		城区平均工资（Z_{12}）
		近郊城区平均工资（Z_{13}）
		远郊城区平均工资（Z_{14}）

三、北京市 FDI 与就业结构耦合协调度分析

（一）北京市 FDI 与就业行业结构耦合协调度分析

1. 数据说明

本章研究原始数据来自 2007～2018 年《北京统计年鉴》和《中国城市统计年鉴》，全部数据根据当年汇率及通胀指数进行转换人民币、去通胀处理。所有原始数据根据式（6—1）、式（6—4）所示极差法将原始数据进行无量纲化处理，并将最小值 0 值数据赋值为 0.01（具体标准化数据见附表 1 与附表 2）。数据特征如表 6—5 所示。

表 6—5　FDI 与北京市就业行业结构耦合指标数据特征

序参量	年数	均值	标准差	最小值	最大值
S_1	10	0.3473	0.2729	0.0100	1.0000
S_2	10	0.2052	0.3001	0.0100	1.0000
S_3	10	0.4477	0.2813	0.0100	1.0000
S_4	10	0.1392	0.3027	0.0100	1.0000
S_5	10	0.4342	0.2743	0.0100	1.0000
S_6	10	0.2554	0.3138	0.0100	1.0000
S_7	10	0.3749	0.2703	0.0100	1.0000
S_8	10	0.2071	0.2972	0.0009	1.0000
S_9	10	0.5006	0.3459	0.0100	1.0000
S_{10}	10	0.2709	0.2683	0.0100	1.0000
S_{11}	10	0.5077	0.2938	0.0100	1.0000
S_{12}	10	0.2448	0.2904	0.0100	1.0000
G_1	10	0.4667	0.3896	0.0100	1.0000
G_2	10	0.6186	0.4162	0.0100	1.0000
G_3	10	0.3511	0.3714	0.0100	1.0000
G_4	10	0.4721	0.3407	0.0100	1.0000

序参量	年数	均值	标准差	最小值	最大值
G_5	10	0.4979	0.3652	0.0100	1.0000
G_6	10	0.5385	0.3419	0.0100	1.0000
G_7	10	0.4771	0.3416	0.0100	1.0000
G_8	10	0.4776	0.3522	0.0100	1.0000
G_9	10	0.5280	0.3546	0.0100	1.0000
G_{10}	10	0.4780	0.3378	0.0100	1.0000
G_{11}	10	0.4949	0.3647	0.0100	1.0000
G_{12}	10	0.4129	0.3313	0.0100	1.0000

从表 6-5 可见，FDI 与北京市就业行业结构指标数据，标准差基本介于 0.27～0.42，数据分布区间合理，较为集中，从均值看数据数值区间合理，没有异常值。

2. 耦合协调度分析

根据双系统耦合模型及熵值赋权法模型，得出 FDI 与北京市就业的行业结构、素质结构和空间结构耦合度 C，由于耦合度 C 存在"伪协调"现象，为了体现真实耦合程度和真实发展水平，对耦合度 C 进行调整，计算调整后的耦合协调度函数 D。FDI 与北京市就业行业结构耦合协调度如表 6-6 所示。

表 6-6　FDI 与北京市就业行业结构耦合协调度

年份	FDI 行业结构序参量 $S(x)$	就业行业结构序参量 $G(y)$	耦合度 C	调整后耦合协调度 D	类型	耦合阶段
2008	0.4080	0.0280	0.4901	0.3542	轻度失调衰退	中度耦合
2009	0.3854	0.0722	0.7291	0.4355	濒临失调衰退	中度耦合
2010	0.3916	0.1637	0.9119	0.5234	勉强协调发展	中度耦合
2011	0.3405	0.3520	0.9999	0.5874	勉强协调发展	中度耦合
2012	0.3171	0.4920	0.9764	0.6147	初级协调发展	良性耦合

续表

年份	FDI行业结构序参量 $S(x)$	就业行业结构序参量 $G(y)$	耦合度 C	调整后耦合协调度 D	类型	耦合阶段
2013	0.3935	0.5935	0.9793	0.6810	初级协调发展	良性耦合
2014	0.4518	0.6686	0.9811	0.7269	中级协调发展	良性耦合
2015	0.2243	0.7511	0.8416	0.6051	初级协调发展	良性耦合
2016	0.2871	0.8281	0.8745	0.6636	初级协调发展	良性耦合
2017	0.4047	0.9241	0.9204	0.7508	中级协调发展	良性耦合

从 FDI 行业结构参序量和就业行业结构参序量来看（见表 6—6），就业系统发展较为成熟 $[G(y)>S(x)]$，FDI 系统发展还处于初步发展阶段（2017 年参序量值为 0.4047），FDI 流入的行业结构不完善，尚待进一步提高。

从两者的耦合情况来看，真实的耦合协调度 D 明显低于耦合度 C，说明存在伪协调现象，FDI 系统与就业结构系统调整并不一致，就业结构系统发展相对更快。但两系统间互动关系在 2008~2017 年逐步增强，调整后耦合协调度从 2008 年的 0.3542 上升到 2017 年的 0.7508，耦合阶段从中度耦合的轻度失调衰退升至中级协调发展。说明北京市 FDI 的行业就业创造效应在逐年增强，FDI 与就业之间的相互因果效应/影响在逐步提高。

2008~2017 年，北京市行业就业结构逐步完善，但两者仍处于良性耦合阶段，未达到高水平耦合，因此需要进一步引导 FDI 的行业流入。同时，FDI 对行业就业和行业工资的就业创造效应和外溢效应还需进一步提高。

（二）北京市 FDI 与就业素质结构耦合协调度分析

1. 数据说明

本章研究原始数据来自 2007~2018 年《北京统计年鉴》和《中国城市统计年鉴》，全部数据根据当年汇率及通胀指数进行转换人民币、去通胀处理。所有原始数据根据式（6—1）、式（6—4）所示极差法将原始数据进行无量纲化处理，并将最小值 0 值数据赋值为 0.01（具体标准化数据见附表 3 与附表 4）。数据特征如表 6—7 所示。

表 6－7　FDI 与北京市就业素质结构指标数据特征

序参量	年数	均值	标准差	最小值	最大值
Q_1	10	0.2061	0.3073	0.0100	1.0000
Q_2	10	0.3402	0.2730	0.0100	1.0000
Q_3	10	0.2343	0.3008	0.0100	1.0000
Q4	10	0.1392	0.3027	0.0100	1.0000
Q5	10	0.3663	0.2711	0.0100	1.0000
Q6	10	0.6526	0.3010	0.0100	1.0000
Q7	10	0.2709	0.2683	0.0100	1.0000
H1	10	0.5730	0.3415	0.0100	1.0000
H2	10	0.5167	0.4940	0.0100	1.0000
H3	10	0.4451	0.4709	0.0001	1.0000
H4	10	0.4625	0.3409	0.0100	1.0000
H5	10	0.4703	0.3415	0.0100	1.0000
H6	10	0.4780	0.3378	0.0100	1.0000
H7	10	0.4903	0.3121	0.0100	1.0000
H8	10	0.4696	0.3727	0.0100	1.0000

从表 6－7 可见，FDI 与北京市就业素质结构指标数据，标准差基本介于 0.27～0.49，数据分布区间合理，较为集中，从均值看数据数值区间合理，没有异常值。

2. 耦合协调度分析

从北京市 FDI 和就业结构系统参序量来看（见表 6－8），就业素质结构发展相对 FDI 质量结构发展更完善［$H(y) > Q(x)$］。调整后真实的耦合协调度 D 低于耦合度 C，说明存在伪协调现象，也就是说，两系统各自发展都未达到最佳状态，就业质量结构及 FDI 流入的质量结构仍需进一步提升。

表 6-8　FDI 与北京市就业素质结构耦合协调度

年份	FDI 质量结构序参量 $Q(x)$	就业素质结构序参量 $H(y)$	耦合度 C	调整后耦合协调度 D	类型	耦合阶段
2008	0.4180	0.3129	0.9896	0.6100	初级协调发展	良性耦合阶段
2009	0.3094	0.2082	0.9807	0.5136	勉强协调发展	中度水平阶段
2010	0.3116	0.3875	0.9941	0.5830	勉强协调发展	中度水平阶段
2011	0.2864	0.3146	0.9989	0.5453	勉强协调发展	中度水平阶段
2012	0.3274	0.5504	0.9672	0.6348	初级协调发展	良性耦合阶段
2013	0.3280	0.4446	0.9885	0.6085	初级协调发展	良性耦合阶段
2014	0.3211	0.6797	0.9336	0.6586	初级协调发展	良性耦合阶段
2015	0.3313	0.5484	0.9691	0.6366	初级协调发展	良性耦合阶段
2016	0.3695	0.7834	0.9333	0.7067	中级协调发展	良性耦合阶段
2017	0.6372	0.6754	0.9996	0.8076	良好协调发展	高水平耦合阶段

　　从真实的耦合协调度来看，两系统间的互动关系在逐步增强。2008～2017年，北京市就业质量结构发展较好，主要体现在服务业从业人数的迅速提高以及高端服务行业的发展，以及服务业平均工资的提升，尤其是高端服务行业工资。同时科技活动人数增长迅速，专利申请量逐年增多。但两系统耦合互动效应仍需进一步提高，也就是 FDI 的就业知识溢出效应还需进一步提高。

（三）北京市 FDI 与就业空间结构耦合协调度分析

1. 数据说明

　　本章研究原始数据来自 2007～2018 年《北京统计年鉴》和《中国城市统计年鉴》，全部数据根据当年汇率及通胀指数进行转换人民币、去通胀处理。所有原始数据根据式（6-1）、式（6-4）所示极差法将原始数据进行无量纲化处理，并将最小值 0 值数据赋值为 0.01（具体标准化数据见附表 5 与附表 6）。数据特征如表 6-9 所示。

　　从表 6-9 可见，FDI 与北京市就业空间结构指标数据，标准差基本介于

0.23~0.37，数据分布比 FDI 与北京市就业行业结构指标数据和 FDI 与北京市就业素质结构指标数据更为集中，从均值看数据数值区间合理，没有异常值。

表 6-9　FDI 与北京市就业空间结构指标数据特征

序参量	年数	均值	标准差	最小值	最大值
D_1	12	0.1942	0.2830	0.0080	1.0000
D_2	12	0.1053	0.2823	0.0034	1.0000
D_3	12	0.3275	0.3656	0.0100	1.0000
D_4	12	0.2575	0.3056	0.0057	1.0000
D_5	12	0.2943	0.2469	0.0100	1.0000
D_6	12	0.2485	0.2594	0.0100	1.0000
D_7	12	0.5583	0.2312	0.0100	1.0000
D_8	12	0.3617	0.3428	0.0100	1.0000
D_9	12	0.3434	0.2700	0.0100	1.0000
Z_1	12	0.6068	0.3374	0.0100	1.0000
Z_2	12	0.4776	0.3665	0.0061	1.0000
Z_3	12	0.6130	0.3417	0.0100	1.0000
Z_4	12	0.6546	0.3349	0.0100	1.0000
Z_5	12	0.6021	0.3316	0.0100	1.0000
Z_6	12	0.3489	0.2975	0.0100	1.0000
Z_7	12	0.4779	0.2977	0.0013	1.0000
Z_8	12	0.7124	0.2935	0.0100	1.0000
Z_9	12	0.5342	0.2697	0.0100	1.0000

2. 耦合协调度分析

从表 6-10 所示的两系统参序量值来看，就业的空间结构系统参序量值要高于 FDI 系统参序量值，说明就业系统发展相对来说更成熟，FDI 系统相对发展落后。从耦合度 C 值和调整后耦合协调度 D 值来看，C 值明显高于 D 值，说明两系统间存在较为明显的伪协调现象，说明两系统发展都不完善，北京市空间就业结构及就业工资水平分布仍待提高，同时 FDI 在北京市的 FDI 的空间分布合理性和就业效应仍需进一步提高。

表 6-10　FDI 与北京市空间结构耦合协调度（总体情况）

年份	FDI 空间结构序参量 $D(x)$	就业空间结构序参量 $Z(y)$	耦合度 C	调整后耦合协调度 D	类型	耦合阶段
2006	0.2284	0.1248	0.9560	0.4227	濒临失调衰退	中度耦合
2007	0.2337	0.1557	0.9798	0.4454	濒临失调衰退	中度耦合
2008	0.2154	0.3021	0.9859	0.4966	濒临失调衰退	中度耦合
2009	0.2416	0.3712	0.9774	0.5356	勉强协调发展	中度耦合
2010	0.2449	0.4549	0.9539	0.5601	勉强协调发展	中度耦合
2011	0.2800	0.5310	0.9509	0.6014	初级协调发展	良性耦合
2012	0.4059	0.5950	0.9820	0.6877	初级协调发展	良性耦合
2013	0.5341	0.6464	0.9955	0.7592	中级协调发展	良性耦合
2014	0.3905	0.7223	0.9545	0.7067	中级协调发展	良性耦合
2015	0.3338	0.7781	0.9167	0.6848	初级协调发展	良性耦合
2016	0.4525	0.7423	0.9701	0.7426	中级协调发展	良性耦合
2017	0.4949	0.7857	0.9739	0.7715	中级协调发展	良性耦合

由于北京市包含十六个区，各区地理位置、资源禀赋和经济发展模式差异较大，为了进一步确定 FDI 与就业空间分布的不协调因素，及空间区域内 FDI 与就业的相互影响，我们根据各区的地理位置，将北京市十六个区划分为中心城区、城区、近郊区和远郊区四个地理空间层次，分别探讨 FDI 与各城区就业的耦合协调度。中心城区包括东城区、西城区；城区包括朝阳区、丰台区、石景山区和海淀区四个区；近郊区包括通州区、大兴区、昌平区、顺义区、门头沟区、房山区六个区；远郊区包括密云区、延庆区、平谷区、怀柔区四个区。

从表 6-11 所示的两系统参序量值来看，就业的空间结构系统参序量值要高于 FDI 系统参序量值，说明就业系统发展相对更成熟，FDI 系统相对发展落后。从耦合度 C 值和调整后耦合协调度 D 值来看，C 值明显高于 D 值，说明两系统间存在较明显的伪协调现象，说明两系统发展都不完善，都需进一步提升。

表 6－11　FDI 与北京市空间结构耦合协调度（中心城区）

年份	FDI 空间结构序参量 $D_1(x)$	就业空间结构序参量 $Z_1(y)$	耦合度 C	调整后耦合协调度 D	类型	耦合阶段
2006	0.1933	0.3388	0.9619	0.4919	濒临失调衰退	中度耦合
2007	0.1667	0.3518	0.9341	0.4742	濒临失调衰退	中度耦合
2008	0.3191	0.2027	0.9748	0.5154	勉强协调发展	中度耦合
2009	0.3846	0.2119	0.9571	0.5496	勉强协调发展	中度耦合
2010	0.2725	0.2825	0.9998	0.5258	勉强协调发展	中度耦合
2011	0.2113	0.3831	0.9573	0.5178	勉强协调发展	中度耦合
2012	0.2094	0.4952	0.9140	0.5439	勉强协调发展	中度耦合
2013	0.1661	0.5312	0.8520	0.5157	勉强协调发展	中度耦合
2014	0.0906	0.5979	0.6761	0.4455	濒临失调衰退	中度耦合
2015	0.0102	0.6439	0.2483	0.2559	中度失调衰退	低水平耦合
2016	0.0252	0.5055	0.4256	0.3041	轻度失调衰退	中度耦合
2017	1.0000	0.5451	0.9557	0.8842	良好协调发展	高水平耦合

从中心城区的 FDI 与就业耦合协调度来看，2006～2014 年，中心城区 FDI 及就业结构一直处于中度耦合阶段，2015 年降至低水平耦合，2016 恢复至中度耦合，2017 年提升至高水平耦合。从表 6－11 中的 FDI 系统参序量可见，2015 年 FDI 发展情况突然下降，系统参序量从 2014 年的 0.0906 降至 0.0102，导致耦合协调度 D 在 2015 年降至低水平耦合。FDI 系统参序量并不稳定，参序量值一直处于较低阶段，说明对于中心城区，如何引入 FDI、FDI 如何在东城区及西城区进行行业分布、如何提升 FDI 质量，是尚待解决的问题。

从两系统参序量 $D_2(x)$ 和 $Z_2(y)$ 的值来看（见表 6－12），就业系统相对 FDI 系统发展更完善 $[G(y)>S(x)]$，两系统间存在耦合互动效应。耦合度 C 值与真实的调整后耦合协调度 D 值相差不大，尤其是 2015~2016 年，C 值和 D 值均达到 0.9 以上，伪协调现象不明显。

表 6-12　FDI 与北京市空间结构耦合协调度（城区）

年份	FDI 空间结构序参量 $D_2(x)$	就业空间结构序参量 $Z_2(y)$	耦合度 C	调整后耦合协调度 D	类型	耦合阶段
2006	0.2938	0.0100	0.3568	0.2536	中度失调衰退	低水平耦合
2007	0.3831	0.0475	0.6265	0.3949	轻度失调衰退	中度耦合
2008	0.2803	0.2923	0.9998	0.5339	勉强协调发展	中度耦合
2009	0.3435	0.3846	0.9984	0.5995	勉强协调发展	中度耦合
2010	0.3737	0.3965	0.9996	0.6186	初级协调发展	良性耦合
2011	0.3406	0.4463	0.9909	0.6159	初级协调发展	良性耦合
2012	0.4056	0.5333	0.9907	0.6726	初级协调发展	良性耦合
2013	0.4272	0.6422	0.9796	0.7090	中级协调发展	良性耦合
2014	0.5273	0.6917	0.9909	0.7666	中级协调发展	良性耦合
2015	1.0000	0.8139	0.9947	0.9595	优质协调发展	高水平耦合
2016	0.8481	0.8932	0.9997	0.9305	优质协调发展	高水平耦合
2017	0.3408	0.9977	0.3408	0.5831	勉强协调发展	中度耦合

从 FDI 与北京市朝阳区、丰台区、石景山区、海淀区四个区就业的耦合协调度来看，2006~2017 年，FDI 与四个区的就业总体耦合程度较高，从 2007 年步入中度耦合阶段，2010 年步入良性耦合阶段，2015 年北京市服务业试点对外开放，更促进了 FDI 对四个区的流入，尤其是一般服务业和高科技行业 FDI 的流入。

从两系统的结构参序量来看（见表 6-13），就业结构系统的发展程度要高于 FDI 系统的发展程度 $[Z_3(y)>D_3(x)]$，FDI 系统发展相对落后。同时，FDI 系统参序量值波动较大，说明 FDI 系统发展并不稳定。近郊区 FDI 的引资需要进一步规划与引导，同时需要构建良好的外部环境来促进 FDI 的流入。

表 6-13　FDI 与北京市空间结构耦合协调度（近郊区）

年份	FDI 空间结构序参量 $D_3(x)$	就业空间结构序参量 $Z_3(y)$	耦合度 C	调整后耦合协调度 D	类型	耦合阶段
2006	0.0643	0.0100	0.0643	0.0254	极度失调衰退	低水平耦合
2007	0.0608	0.1831	0.0608	0.1055	严重失调衰退	低水平耦合
2008	0.0659	0.3692	0.0659	0.1560	严重失调衰退	低水平耦合
2009	0.1094	0.4738	0.1094	0.2276	中度失调衰退	低水平耦合
2010	0.1434	0.5664	0.1434	0.2850	中度失调衰退	低水平耦合
2011	0.1070	0.7178	0.1070	0.2771	中度失调衰退	低水平耦合
2012	0.6274	0.7809	0.6274	0.7000	初级协调发展	良性耦合
2013	0.4506	0.8237	0.4506	0.6092	勉强协调发展	中度耦合
2014	0.7403	0.8512	0.7403	0.7938	中级协调发展	良性耦合
2015	0.1072	0.8541	0.1072	0.3026	轻度失调衰退	中度耦合
2016	0.6804	0.7854	0.6804	0.7310	中级协调发展	良性耦合
2017	0.6188	0.8866	0.6188	0.7407	中级协调发展	良性耦合

从远郊区的 FDI 与就业参序量来看（见表 6-14），FDI 在远郊区的发展水平很低，就业在远郊区的发展水平也不高，两者存在伪协调现象。FDI 系统发展相对落后且并不稳定，FDI 与就业之间的相互影响并不显著。说明远郊区的 FDI 流入在总量、质量及溢出效应方面，尤其是就业创造方面都需要进一步提高。需要制定相关政策来鼓励、引导 FDI 的流入总量及流入行业，进而提升 FDI 的就业创造效应和知识溢出效应。同时，远郊区的就业结构及工资水平也待进一步提高。

表 6-14　FDI 与北京市空间结构耦合协调度（远郊区）

年份	FDI 空间结构序参量 $D_4(x)$	就业空间结构序参量 $Z_4(y)$	耦合度 C	调整后耦合协调度 D	类型	耦合阶段
2006	0.3859	0.2318	0.9684	0.5604	勉强协调发展	中度耦合
2007	0.3333	0.0989	0.8402	0.4486	濒临失调衰退	中度耦合
2008	0.2894	0.3957	0.9879	0.5726	勉强协调发展	中度耦合
2009	0.2511	0.4456	0.9603	0.5620	勉强协调发展	中度耦合
2010	0.2554	0.6089	0.9125	0.6017	初级协调发展	良性耦合
2011	0.4650	0.5799	0.9939	0.7126	中级协调发展	良性耦合
2012	0.4064	0.5403	0.9899	0.6748	初级协调发展	良性耦合
2013	1.0000	0.5304	0.9518	0.8792	良好协调发展	良性耦合
2014	0.1798	0.6918	0.8092	0.5579	勉强协调发展	中度耦合
2015	0.0100	0.7208	0.2323	0.2615	中度失调衰退	低水平耦合
2016	0.0884	0.6988	0.6316	0.4583	濒临失调衰退	中度耦合
2017	0.1581	0.5829	0.8193	0.5184	勉强协调发展	中度耦合

从耦合协调度来看，2015 年 FDI 系统参序量值的突降导致两系统耦合互动效应在 2015 年出现突降，FDI 系统发展并不稳定，同时 FDI 的就业效应并不明显，同时就业的变化对 FDI 的影响也不明显，FDI 就业效应仍需进一步提高。

四、检验结果分析

本章基于北京市市级、区级数据，借鉴物理学的耦合模型，构建基于 FDI 与北京市就业结构的双系统耦合模型，并从就业的行业结构、素质结构和空间结构三个层面探讨 FDI 与北京市就业结构的耦合机制及耦合效应，进而探讨 FDI 对北京市的就业创造效应及溢出效应。研究结果表明，FDI 行业流入与北京市行业就业存在一定的耦合互动，FDI 对北京市的行业就业、行业平均工资有一定的影响作用，但其就业创造效应和溢出效应仍待进一步提高；FDI 质量结构与北京市就业素质结构间的耦合互动在逐步增强，北京市就业素质结构系统发展较好，但 FDI 质量结构有待提升，需要进一步引导 FDI 的行业流入。同时，FDI 对行业就业和行业工资的就业创造效应和外溢效应还需进一步提高；FDI 空间流入与北京市就业的空间结构耦合互动效应不明显，区域差异较大，FDI 的空间流入与北京市就业空间结构均需进一步调整，其中 FDI 流入在中心城区、近郊区和远郊区波动较大，尤其是远郊区；FDI 的就业创造效应和外溢效应不明显，需要进一步提升。

值得注意的是，近郊区和远郊区的 FDI 空间分布与就业空间结构之间耦合互动较差，且 FDI 系统自身在近郊区和远郊区十个区的发展不稳定，说明 FDI 在这十个区的流入总量、行业分布及就业创造、技术外溢效应都存在一定问题，都尚待改善提高。

就业结构是产业结构的一个重要方面，体现了经济发展的真实状态。在促进 FDI 与就业结构耦合互动发展方面，应着重注意以下几个方面：一是构建良好的外部环境，合理引导外资投入行业，应重点引导涵盖先进服务业管理经验、经营模式的外资投入高端服务行业和新兴行业，着重提升外资的知识外溢效应。二是合理规划 FDI 的空间布局，重点引导近郊区和远郊区十个区的外资流入，根据郊区资源禀赋特征合理引入外资，着重提高外资的就业创造效应和技术溢出效应，促进就业空间结构合理化。三是注重高端人才的培养，包括科技行业及服务业高端人才的培养，就业素质结构的提升需要依靠高端的知识密集型从业人员来实现，可以通过各种科研、科技合作方式，培养高端人才，也可通过多种途径引进高端人才。四是进一步扩大开放，在北京市服务业全面开放的基础上，把握外资流入的质量、结构，促进 FDI 与就业结构之间的耦合互动，以开放来促进超大城市就业结构的优化与提升。

第二节　就业结构优化：空间分布层面

一、模型设定与数据说明

从前文 FDI 与就业、产出、工资之间的互动机理可见，FDI 的变化会深刻影响就业、产出（GDP）、工资。根据上述理论模型，外商直接投资、就业和经济增长具有交互影响，同时国内投资也是影响就业与产出的因素，因此这里设定以下计量模型：

$$\ln EMP_{it} = \alpha + \beta_1 \ln FDI_{it} + \beta_2 \ln GDP_{it} + \beta_3 \ln WAGE_{it} + \beta_4 \ln FIX_{it} + \varepsilon_{it}$$

$$(6-14)$$

其中，下标 i 表示北京市的十六个区，t 表示年份；EMP_{it} 表示北京市各区 t 时期就业水平，为各区年末就业人数；FDI_{it} 表示北京市各区 t 时期内实际使用外资金额；GDP_{it} 为北京市各区 t 时期的产值；$WAGE_{it}$ 为北京市各区 t 时期的平均工资；FIX_{it} 为北京市各区 t 时期的固定资本投入，用北京市十六个区年固定资产投资来表示。

北京市十六个区分别为东城区、西城区、朝阳区、丰台区、石景山区、海淀区、门头沟区、房山区、通州区、顺义区、昌平区、大兴区、怀柔区、平谷区、密云区、延庆区。2006～2009 年北京市崇文区与宣武区尚未分别划入东城区和西城区内，2010 年崇文区合并入东城区，宣武区合并入西城区，为保持统计上的一致性，其中 2006～2009 年东城区的数据加入了崇文区数据，西城区的数据包括了宣武区数据。

这里选取 2006～2017 年北京市数据，经济增长指标直接选取北京市十六个区的 GDP。其中区 GDP、区实际利用外资金额、区年固定资产投资皆以万元人民币为单位，根据国家统计局数据当年汇率和 CPI 进行换算和去通胀处理。所有数据来自 2007～2018 年《北京统计年鉴》《北京区域统计年鉴》和《中国城市统计年鉴》，计量软件使用 Stata 15。

原始数据进行去通胀、转换汇率，并按式（6-15）进行对数处理后，数据呈现出如表 6-15 所示特征，从均值、标准差、最大值和最小值来看，数据整体标准差都较小，无异常值，为平衡面板数据。

表 6-15　数据统计特征

变量		均值	标准差	最小值	最大值	观测量
$\ln EMP$	overall	12.4482	1.0261	10.7223	14.3690	N=192
	between		1.0463	10.9760	14.1713	n=16
	within		0.1454	11.9185	12.7166	T=12

变量		均值	标准差	最小值	最大值	观测量
ln*FDI*	overall	11. 3204	1. 8502	6. 3885	15. 8588	$N=192$
	between		1. 7071	8. 4858	14. 6014	$n=16$
	within		0. 8226	9. 0267	14. 2911	$T=12$
ln*GDP*	overall	15. 2185	1. 3403	12. 2828	17. 8844	$N=192$
	between		1. 2269	13. 4705	17. 2138	$n=16$
	within		0. 6146	13. 3414	16. 0668	$T=12$
ln*FIX*	overall	14. 7148	0. 9163	12. 3163	16. 4068	$N=192$
	between		0. 8114	13. 2710	16. 2574	$n=16$
	within		0. 4681	12. 9288	15. 7477	$T=12$
ln*WAGE*	overall	1. 7855	0. 4872	0. 7707	2. 9172	$N=192$
	between		0. 2839	1. 4005	2. 3196	$n=16$
	within		0. 4017	0. 9893	2. 5265	$T=12$

二、模型检验

(一) 混合回归

作为参照，我们先进行混合回归，混合回归假定每个区都拥有一样的回归方程，并假定不存在个体效应，分别进行聚类稳健标准误混合回归、异方差稳健标准误的混合回归和普通标准误混合回归。

由于北京市城六区与远郊区十个区的自然禀赋、发展模式差异较大，就业情况差异也较大。因此，在对北京市十六个区进行全样本研究的基础上，同时根据北京市十六个区的总体发展特征，按地理区域分布将十六个区划分为两组分样本：城区六个区和远郊十个区，并同时对分样本进行研究。

从表 6—16 结果可见，聚类稳健标准误回归的标准差接近于异方差稳健标准误和普通标准误回归标准差的两倍。从回归结果来看，北京市十六个区全样本混合回归的三种形式结果差异不明显，三种结果变量系数值相同，三种回归下 FDI、产值和平均工资均较显著，固定资产不显著。

表6-16　全样本三种混合回归结果

lnEMP	聚类稳健标准误			异方差稳健标准误			普通标准误		
	系数	标准差	P>|t|	系数	标准差	P>|t|	系数	标准差	P>|t|
lnFDI	0.1127	0.0501	0.040	0.1127	0.0213	0.000	0.1127	0.0213	0.000
lnGDP	0.7873	0.1465	0.000	0.7873	0.0541	0.000	0.7873	0.0463	0.000
lnFIX	0.0016	0.1130	0.989	0.0016	0.0444	0.971	0.0016	0.0422	0.969
lnWAGE	−0.7685	0.1590	0.000	−0.7685	0.0771	0.000	−0.7685	0.0776	0.000
_ cons	0.5391	0.9879	0.593	0.5391	0.4324	0.214	0.5391	0.4458	0.228

分样本城六区混合回归的三种形式（见表6-17），变量显著性上差异较大。三种回归结果变量系数值相同；显著性上，聚类稳健标准误混合回归和普通标准误回归中，FDI与国内固定资产投资不显著；异方差稳健标准误的混合回归和普通标准误混合回归中，只有固定资产投资不显著，FDI对就业的影响显著。

表6-17　分样本（城区）三种混合回归结果

lnEMP	聚类稳健标准误			异方差稳健标准误			普通标准误		
	系数	标准差	P>|t|	系数	标准差	P>|t|	系数	标准差	P>|t|
lnFDI	−0.0137	0.0181	0.451	−0.0404	0.0180	0.028	−0.0404	0.0256	0.119
lnGDP	0.8061	0.0306	0.000	0.9411	0.0634	0.000	0.9411	0.0541	0.000
lnFIX	0.0268	0.0362	0.459	0.0107	0.0198	0.590	0.0107	0.0373	0.775
lnWAGE	−0.7016	0.0502	0.000	−0.8395	0.0549	0.000	−0.8395	0.0715	0.000
_ cons	1.4212	0.6406	0.027	0.0743	0.8311	0.929	0.0743	0.4821	0.878

郊区十个区的混合回归结果（见表6-18），聚类稳健标准误混合回归FDI、产值和工资均显著，只有固定资产投资不显著；异方差稳健标准误的混合回归和普通标准误混合回归中，所有变量都显著。

表6-18　分样本（郊区）三种混合回归结果

lnEMP	聚类稳健标准误			异方差稳健标准误			普通标准误		
	系数	标准差	P>|t|	系数	标准差	P>|t|	系数	标准差	P>|t|
lnFDI	0.1382	0.0526	0.028	0.1382	0.0227	0.000	0.1382	0.0243	0.000
lnGDP	0.4203	0.1870	0.051	0.4203	0.0860	0.000	0.4203	0.0761	0.000

lnEMP	聚类稳健标准误			异方差稳健标准误			普通标准误		
	系数	标准差	P>|t|	系数	标准差	P>|t|	系数	标准差	P>|t|
lnFIX	0.2543	0.1644	0.156	0.2543	0.0739	0.001	0.2543	0.0714	0.001
lnWAGE	−0.6177	0.1969	0.012	−0.6177	0.1033	0.000	−0.6177	0.1048	0.000
_ cons	1.6368	0.9554	0.121	1.6368	0.5458	0.003	1.6368	0.6166	0.009

可见混合回归结果差异较大。同时，混合回归假定北京市的十六个区具有相同的回归方程，即不存在个体差异。虽然同属北京市，但每个区都有自己自身的特点和经济发展模式，可能存在各自不随时间变动的自身特征，也就是个体差异或异质性，因此，我们要通过 F 检验来进一步确认混合回归的有效性。

对北京市全样本及城六区、远郊区分样本的 F 检验（见表 6－19），三个样本检验的 P 值均为 0.0000，强烈拒绝个体差异为零的原假设，因此存在个体差异，上述混合回归的结果并不具备有效性。应允许十六个区分别拥有自己的截距项。

表 6－19　全样本与分样本 F 检验

	全样本北京市区县（十六区）	分样本城区（六区）	分样本郊区（十区）
	系数	系数	系数
sigma _ u	0.80887446	0.5862	0.5646
sigma _ e	0.09366671	0.0732	0.1033
rho	0.98676806	0.9847	0.9676
	F test that all u _ i=0: F (15, 172) =131.75 Prob>F=0.0000	F test that all u _ i=0: F (5, 62) =51.90 Prob>F=0.0000	F test that all u _ i=0: F (9, 106) =112.13 Prob>F=0.0000

但由于这里 F 检验并未使用聚类稳健标准误，使用的是普通标准误，普通标准误的误差大约只是聚类稳健标准误的一半，因此，单纯的 F 检验并不充分有效，我们还要进行 LSDV 检验（Least Square Dummy Variable Test），来进一步确定 F 检验结果的科学性与有效性。

从表 6－20 的结果中可见，全样本下仅区 12 的虚拟变量的 P 值不显著，其他都显著；城区分样本中仅区 4 的 P 值不显著；郊区分样本下仅区 16 的虚拟变量的 P 值不显著，其他绝大多数都在 1% 的水平上显著。因此，强烈拒绝所有虚拟变量都为零的原假设，存在个体效应，每个区都有自己不随时间推移的异质性。混合回归结果不具备有效性，应构建个体效应模型。个体效应模型分为固定效应模型回归和随机效应模型回归两类，这里分别探讨其有效性。

表 6－20　最小二乘虚拟变量估计

样本	全样本（十六区）		城区（六区）		郊区（十区）	
	系数	P＞｜t｜	系数	P＞｜t｜	系数	P＞｜t｜
2	0.3254	0.000	0.3128	0.001		
3	0.6133	0.000	0.6519	0.003		
4	0.2001	0.032	0.1713	0.128		
5	−0.8434	0.000	−0.8705	0.003		
6	0.7548	0.000	0.7650	0.001		
7	−1.7030	0.000				
8	−0.9971	0.000			0.6780	0.000
9	−0.6898	0.000			0.9702	0.000
10	−0.2744	0.000			1.3961	0.000
11	−0.5709	0.000			1.0984	0.000
12	−0.0599	0.536			1.6135	0.000
13	−1.4732	0.000			0.2236	0.001
14	−1.2666	0.000			0.4245	0.000
15	−1.3159	0.000			0.3782	0.000
16	−1.6567	0.000			0.0489	0.557
_ cons	10.1551	0.000	10.0918	0.001	8.1922	0.000

（二）固定效应回归与随机效应回归

固定效应模型回归结果如表 6－21 所示，全样本回归中只有产值对就业的作用显著，其他都不显著；城区样本回归中，FDI 与产值对就业的作用显著，其中 FDI 对就业增长呈现出负向作用，产值对就业增长起到正向促进作用；郊区样本回归中，只有产值对就业的作用显著，与全样本回归结果类似。

表 6—21 固定效应模型回归

lnEMP	全样本（十六）			城区（六区）			郊区（十区）		
	系数	标准差	P>|t|	系数	标准差	P>|t|	系数	标准差	P>|t|
lnFDI	0.0014	0.0110	0.899	−0.0341	0.0155	0.079	0.0064	0.0106	0.558
lnGDP	0.2240	0.0442	0.000	0.2483	0.1169	0.087	0.2246	0.0528	0.002
lnFIX	−0.0356	0.0772	0.651	−0.0314	0.0735	0.687	−0.0158	0.1079	0.887
lnWAGE	−0.0276	0.0479	0.574	−0.0005	0.1374	0.997	−0.0689	0.0549	0.242
_cons	9.5953	0.7537	0.000	10.2635	1.5082	0.001	8.8753	0.9521	0.000
sigma_u	0.8089			0.5862			0.5646		
sigma_e	0.0937			0.0732			0.1033		
rho	0.9867			0.9847			0.9676		

随机效应模型回归结果如表 6—22 所示，全样本回归、城区样本回归和郊区样本回归中，都是产值与工资对就业的作用显著，产值对就业有正面促进作用，工资对就业有反向作用，只是作用程度（系数值）略有差异。

表 6—22 随机效应模型回归

lnEMP	全样本（十六区）			城区（六区）			郊区（十区）		
	系数	标准差	P>|t|	系数	标准差	P>|t|	系数	标准差	P>|t|
lnFDI	0.0157	0.0114	0.170	−0.0137	0.0181	0.451	0.0117	0.0112	0.296
lnGDP	0.3141	0.0624	0.000	0.8061	0.0306	0.000	0.2473	0.6304	0.000
lnFIX	−0.0341	0.0763	0.655	0.0268	0.0362	0.459	0.0092	0.1102	0.933
lnWAGE	−0.1515	0.0537	0.005	−0.7016	0.0502	0.000	−0.1295	0.0464	0.005
_cons	8.2640	0.6809	0.000	1.4212	0.6406	0.027	8.2273	0.7714	0.000
sigma_u	0.2490			0.0307			0.2678		
sigma_e	0.0937			0.0732			0.1033		
rho	0.8760			0.1498			0.8705		

从表 6—21 的固定效应模型回归和表 6—22 的随机效应模型回归结果来看，两者结论差异较大，为了进一步确定两种模型估计结果的有效性与科学性，这里对固定效应模型估计和随机效应模型估计进行进一步的 Hausman 检验。

表 6—23 的 Hausman 检验结果显示，三个样本区间的 P 值均在 1% 水平

上显著,因此强烈拒绝两种模型回归不存在显著差异的原假设,固定效应模型回归结果是有效的回归结果。

表 6-23　全样本与分样本 Hausman 检验

	Chi	P 值
全样本	chi2(5)=(b−B)′[(V_b−V_B)^(−1)](b−B)=76.28	Prob>chi2=0.0000
城区	chi2(5)=(b−B)′[(V_b−V_B)^(−1)](b−B)=51.64	Prob>chi2=0.0000
郊区	chi2(4)=(b−B)′[(V_b−V_B)^(−1)](b−B)=26.01	Prob>chi2=0.0001

注:原假设假定固定效应回归与随机效应回归不存在显著差异。

三、结果分析

固定效应模型回归结论显示,北京市十六个区全样本回归下,FDI 的统计性不显著,即 FDI 的增加对区就业数量的影响作用不确定。产值对就业具有显著的促进作用,统计量在 1% 水平上显著,产值每增加 1 个百分点,就业总量增长 0.224 个百分点。国内固定资产投资和工资对就业量的作用均不显著(见表 6-21)。

城六区的回归结果显示,基于东城区、西城区、朝阳区、海淀区、丰台区和石景山区六个城区的样本研究,城六区的 FDI 流入对就业总量增长有负向作用。FDI 的系数为−0.0341,表明 FDI 每增长 1%,就业总量下降 0.034个百分点。产值对各区就业增长呈现出显著的正向促进作用,产值每增长 1个百分点,就业总量增长 0.248 个百分点(见表 6-21)。FDI 和产值均在10% 的统计水平上显著。国内固定资产投资与工资的作用均不显著。

基于郊区十区的研究显示,各区 FDI、固定资本投资和工资水平对各区就业增长的作用均显著,只有产值对就业呈现出显著的正向效应。产值每增长 1 个百分点,就业总量增长 0.2246 个百分点;产值的统计量在 5% 的统计水平上显著(见表 6-21)。

需要注意的是,城区的 FDI 对就业总量增长有显著的负效应。城区的 FDI 主要在高科技行业和高端服务业,如西城区的金融业外资公司、海淀区的科技园与朝阳区的外资企业聚集区。FDI 知识、科技含量越高,其对一般的劳动密集型劳动力的需求就越低,因为科技会产生对普通劳动力的替代作用。因此，城区应大力促进高端人才的培养与高端就业的发展，城区的重点是就业结构的高级化，就业人才的高端化，而不是单纯的总量增加。

郊区的回归结果显示，FDI 对北京市远郊区就业增长的影响作用并不显著，远郊区的就业增长主要依赖产出的拉动，也就是各郊区经济总量的拉动。北京市郊区十区与城区六区相比，经济发展总量相对较低，产业结构层次相对停留在中低端，高端服务业、高科技行业发展相对落后。FDI 的区域分布也极度不均衡，郊区与城区相比外资流入总量和质量上都相对较低，因此郊区的重点应放在合理规划吸引外资、提高外资就业创造效应和知识溢出效应上。同时进一步促进郊区的经济发展，以经济总量的提高来拉动就业总量的提升。

第三节　就业结构优化：行业分布层面

一、模型设定与数据说明

根据第三章 FDI 与就业、产出、工资之间互动机理的探讨，FDI 的变化会深刻影响就业、产出（GDP）、工资。根据第三章的理论分析，FDI、就业和经济增长具有交互影响，同时国内投资也是影响就业与产出的因素，因此这里设定以下计量模型：

$$\ln EMP_{it} = \alpha + \beta_1 \ln FDI_{it} + \beta_2 \ln GDP_{it} + \beta_3 \ln WAGE_{it} + \varepsilon_{it} \qquad (6-15)$$

其中，下标 i 表示北京市服务业就业行业类别，t 表示年份；EMP_{it} 表示北京市各服务业行业类别 t 时期就业水平，为各行业类别包含的各行业年末就业人数加总获得；FDI_{it} 表示北京市服务业各行业类别 t 时期内实际使用外资金额，由各服务行业类别涵盖的具体服务行业当年实际利用外资额加总获得；GDP_{it} 为北京市各服务行业类别 t 时期的产值，由各类别包含的具体服务行业当年产值加总获得；$WAGE_{it}$ 为北京市各服务行业类别 t 时期的平均工资，由各类别包含的各服务行业当年平均工资及年底就业人数加权平均获得。①

由于北京市 SFDI 流入行业统计口径与北京市行业就业、行业产值和行业工资的统计口径并不完全一致，为了探讨北京市 SFDI 流入对具体行业类别的影响，尤其是高端服务业行业就业等具体行业的 SFDI 就业效应，这里我们将北京市 SFDI 流入方面，具体划分为五个服务行业类别：

（1）一般服务行业：包括批发与零售业、住宿和餐饮业。

（2）商务服务行业：租赁和商务服务业。

（3）高科技服务行业：包括信息传输、计算机服务和软件业。

（4）房地产业：房地产业。

（5）其他行业：以上未涵盖的外资流入行业。

根据北京市服务业的就业、产出及就业收入等具体情况，将北京市服务行业总体划分为五个类别：

（1）一般服务行业：包括批发与零售业，交通运输、仓储和邮政业，住宿和餐饮业。

（2）商务服务业：租赁和商务服务业。

（3）高端服务业：包括信息传输、软件和信息技术服务业，金融业，科学研究和技术服务业，教育。②

（4）房地产业：房地产业。

（5）其他服务业：包括水利、环境和公共设施管理业，居民服务、修理和其他服务业，卫生和社会工作，文化、体育和娱乐业，公共管理、社会保障和社会组织。

这里选取 2008～2017 年北京市数据，实际利用外资金额、行业产值、行业工资皆以万元人民币为单位，以 2005 年为基年，根据国家统计局数据以当年汇率和 CPI 进行换算和去通胀处理。所有数据来自 2009～2018 年《北京统计年鉴》《北京区域统计年鉴》和《中国城市统计年鉴》，计量软件使用

---

① 由于行业技术水平及行业工作人员学历水平相关统计缺失，行业就业的素质因素由行业平均工资来表征。

② 本书以科技、知识的密集程度来界定高端服务行业，因此将信息传输、软件和信息技术服务业，金融业，科学研究和技术服务业，教育行业纳入高端服务行业。

Stata 15。

原始数据进行去通胀、转换汇率，并按式（4—2）进行对数处理后，从均值、标准差、最大值和最小值来看，数据整体标准差都较小，无异常值，为平衡面板数据。

表 6—24 显示，数据从均值、标准差、最大值和最小值来看，数据分布较为集中，不存在异常值。数据无缺漏，为平衡面板数据。

表 6—24　数据统计特征

变量		均值	标准差	最小值	最大值	观测
lnEMP	overall	4.864732	0.597009	3.676301	5.764878	$N=50$
	between		0.637977	3.88602	5.463002	$n=5$
	within		0.155445	4.543394	5.230903	$T=10$
lnFDI	overall	13.65767	0.735787	12.03865	15.98547	$N=50$
	between		0.291369	13.32252	14.01459	$n=5$
	within		0.687081	12.37379	16.01609	$T=10$
lnGDP	overall	7.688776	0.722587	6.582943	9.383301	$N=50$
	between		0.71915	7.103408	8.777247	$n=5$
	within		0.316145	7.050392	8.294829	$T=10$
ln$WAGE$	overall	11.17009	0.381091	10.46183	11.99374	$N=50$
	between		0.263154	10.9158	11.59956	$n=5$
	within		0.297825	10.63562	11.66944	$T=10$

五个服务行业类别的时间趋势如图 6—1 所示，总体上五个行业的就业变化（对数值）随时间呈上升趋势，但波动趋势不尽相同。

二、模型检验

（一）混合回归

作为参照，先进行混合回归，混合回归假定每个行业类别都拥有一样的回归方程，并假定不存在个体效应，分别进行聚类稳健标准误混合回归、异

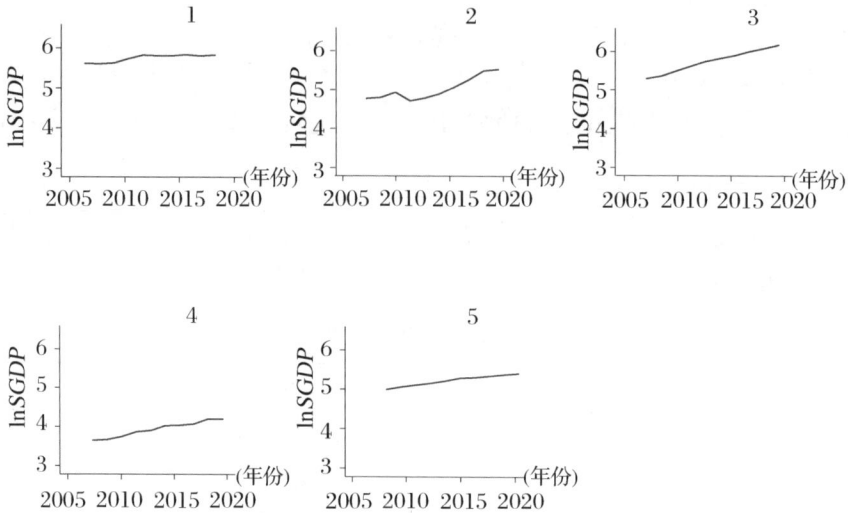

图6-1　五个行业类别的时间趋势

方差稳健标准误的混合回归和普通标准误混合回归。

表6-25为普通标准误混合回归结果，显示每个服务行业类别的产出对该行业类别的就业有显著促进作用，FDI、工资水平对就业的作用则不显著。

表6-25　普通标准误混合回归

lnEMP	系数	标准差	T值	P>t	95％置信区间	
lnFDI	0.117219	0.072146	1.62	0.111	−0.028	0.262441
lnGDP	0.834333	0.092512	9.02	0.000	0.648115	1.02055
lnWAGE	−0.4983	0.188308	−2.65	0.011	−0.87734	−0.11925
_cons	2.414841	1.552716	1.56	0.127	−0.71061	5.540297

表6-26为异方差标准误稳健混合回归，结果与普通标准误混合回归差异较大。异方差稳健混合回归显示，每个行业类别的FDI、产出与行业工资水平均对行业类别的就业有显著作用，其中FDI与产出有较为显著的正向促进作用，而工资水平则呈现出负向作用。

表 6－26　异方差标准误稳健混合回归

lnEMP	系数	标准差	T 值	P>t	95％置信区间	
lnFDI	0.117219	0.0587	2	0.052	−0.00094	0.235376
lnGDP	0.834333	0.078652	10.61	0.000	0.676015	0.992651
lnWAGE	−0.4983	0.177869	−2.8	0.007	−0.85633	−0.14027
＿cons	2.414841	1.594867	1.51	0.137	−0.79546	5.625142

　　聚类稳健标准误混合回归与前两者差异较大，行业产出与行业工资水平都对行业就业表现出显著效应，其中行业产值呈现出显著的正向效应，行业工资则表现出较为显著的负向作用。如表 6－27 所示。

表 6－27　聚类稳健混合标准误混合

lnEMP	系数	标准差	T 值	P>t	95％置信区间	
lnFDI	0.117219	0.061543	1.90	0.130	−0.05365	0.288089
lnGDP	0.834333	0.231120	3.61	0.023	0.192640	1.476025
lnWAGE	−0.49830	0.225700	−2.21	0.092	−1.12494	0.128344
＿cons	2.414841	2.362796	1.02	0.365	−4.14533	8.975015

　　由于混合回归假定所有的服务行业都具有相同的截距项，即不存在个体效应，而北京市服务业行业由于劳动、资本、技术与知识的密集程度不同，服务行业的产出、从业人员数量与质量、行业工资、行业实际利用外资差异较大。混合回归的前提假定与北京市经验现实具有一定差异，为了进一步确认是否存在行业个体效应，这里进行行业类别个体效应的 F 检验，检验结果如表 6－28 所示。

表 6－28　F 检验

lnEMP	系数	标准差	T 值	P>t	95％置信区间	
lnFDI	−0.02549	0.017726	−1.44	0.158	−0.06126	0.010288
lnGDP	0.418772	0.107553	3.89	0.000	0.20172	0.635823
lnWAGE	0.042231	0.114619	0.37	0.714	−0.18908	0.273543
＿cons	1.521232	0.565395	2.69	0.01	0.38022	2.662245
sigma＿u	0.430046					

续表

lnEMP	系数	标准差	T 值	P>t	95％置信区间	
sigma_e	0.077269					
rho	0.968726					
检验结论	u_i=0：F（4，42）=206.74　Prob>F=0.0000					

P 值为 0.0000，显著拒绝原假设，即存在不随时间改变的行业个体效应或行业异质性。但需要注意的是，F 检验使用的是普通标准误而非聚类稳健标准误，普通标准误的标准差比聚类稳健标准误的低很多，约为聚类稳健标准误标准差的一半，这样 F 检验的结论存在一定偏差，可能存在"伪拒绝"原假设的风险。因此，这里进一步进行最小二乘虚拟变量模型估计。

最小二乘虚拟变量估计结果如表 6－29 所示，除行业类别之外，其他行业类别虚拟变量的 P 值都显著，强烈拒绝所有虚拟变量都为零的原假设。因此，存在较显著的行业个体特征，应该使用个体效应模型进行估计。

表 6－29　最小二乘虚拟变量估计

lnEMP	系数	标准差	T 值	P>t	95％置信区间	
lnFDI	−0.02549	0.013966	−1.82	0.142	−0.06426	0.013289
lnGDP	0.418772	0.149858	2.79	0.049	0.002698	0.834845
lnWAGE	0.042231	0.167405	0.25	0.813	−0.42256	0.507021
2	−0.23977	0.169649	−1.41	0.230	−0.71079	0.231248
3	−0.27153	0.030394	−8.93	0.001	−0.35591	−0.18714
4	−1.13028	0.159268	−7.1	0.002	−1.57248	−0.68808
5	−0.33371	0.148735	−2.24	0.088	−0.74667	0.079245
_cons	1.91629	0.758956	2.52	0.065	−0.19091	4.023488

（二）固定效应与随机效应

个体效应模型包括固定效应模型和随机效应模型，这里首先分别对两种模型进行估计分析，再对两种模型估计的科学性与有效性进行检验，进而确定最终的模型选择。

固定效应模型估计结果如表 6－30 所示，服务业行业 FDI、工资水平对行业就业的影响均不显著，行业产出对行业就业呈现出较为显著的正向促进作用。随机效应模型估计结果则显示（见表 6－31），服务业行业实际利用 FDI 对服务行业就业有较为显著的负向作用，服务行业产出对服务行业就业有着显著的正向促进作用，服务行业工资水平对就业的作用不显著。

表 6－30　固定效应模型估计

ln*EMP*	系数	标准差	T 值	P＞t	95％置信区间	
ln*FDI*	−0.02549	0.013345	−1.91	0.129	−0.06254	0.011565
ln*GDP*	0.418772	0.143195	2.92	0.043	0.021200	0.816343
ln*WAGE*	0.042231	0.159961	0.26	0.805	−0.40189	0.486354
＿cons	1.521232	0.793972	1.92	0.128	−0.68319	3.725651
sigma＿u	0.430046					
sigma＿e	0.077269					
rho	0.968726					

表 6－31　随机效应模型估计

ln*EMP*	系数	标准差	T 值	P＞t	95％置信区间	
ln*FDI*	−0.02526	0.013369	−1.89	0.059	−0.05146	0.000942
ln*GDP*	0.494562	0.084973	5.82	0.000	0.328018	0.661106
ln*WAGE*	−0.03295	0.115054	−0.29	0.775	−0.25845	0.192549
＿cons	1.775228	0.907563	1.96	0.05	−0.00356	3.554018
sigma＿u	0.2557					
sigma＿e	0.077269					
rho	0.916324					

为了进一步确定固定效应模型估计与随机效应模型估计结果的有效性，这里进行 Hausman 检验，检验结果如表 6－32 所示，P 值为 0.0783，拒绝两种模型估计不存在系统性差异的原假设，固定效应模型的检验结果更为有效。

表 6-32　Hausman 检验

	系数			
	(b)	(B)	(b-B)	sqrt(diag(V _ b-V _ B))
	FE	RE	Difference	S. E.
ln*SFDI*	-0.02549	-0.02526	-0.00023	0.001103
ln*GDP*	0.418772	0.494562	-0.07579	0.050969
ln*WAGE*	0.042231	-0.03295	0.075183	0.04955
_ cons	1.521232	1.775228	-0.254	0.125486

chi2 (6) = (b-B)′ [(V _ b-V _ B)^(-1)] (b-B) =8.39　Prob>chi2=0.0783

注：①这里 b=H0 与 Ha 假设下均一致；B=Ha 假设下不一致，H0 假设下一致。②检验原假设 H0：固定效应回归与随机效应回归不存在显著差异。

三、结果分析

研究结论显示，服务业行业产出对行业就业有显著的促进作用，行业产出每增加 1 个百分点，行业就业增加 0.41877 个百分点。服务业行业就业主要由行业产出拉动。服务业增长对服务业的就业吸纳与就业创造作用较为显著，再次表明了北京市服务业强大的就业吸纳与就业创造能力；服务业行业实际利用外资与行业工资水平对服务业行业就业的影响不确定，说明 SFDI 的就业吸纳作用和外溢作用不显著，服务业工资水平的提升在吸纳更多就业方面并没有表现出显著作用。

FDI 对就业的作用不显著，表明服务行业 FDI 流入量的增加，对该行业类别就业总量的增加作用不显著。究其原因，北京市服务行业既包括劳动、资本密集型的一般服务行业、房地产业，还包括知识、科技密集型的高端服务行业。根据外商直接投资理论，劳动、资本密集型 FDI 的流入会相应促进劳动、资本密集型就业总量的增加，而明显带有高科技、高技术水平和高端管理知识的 FDI 的流入会产生对一般劳动力的替代与挤出作用，降低劳动密集型劳动力的从业人数，增加对高端、国际化人才的需求。因此，总体来看 FDI 的作用并不明确。

因此，对于 FDI 的就业结构效应，应该分行业来看，对于知识、科技密

集型的高端服务业、高科技行业，应重点提高 FDI 的知识含量、促进高端
FDI 流入的溢出效应，并进一步促进高端人才的培育，重点是就业结构的高
级化；对于劳动相对密集型的基础行业和一般服务行业，应在促进 FDI 总量
的前提下，进一步加强对 FDI 的导引，提升其就业创造效应，重点是就业总
量的提高。从就业质量与就业总量两方面着手，促进北京市服务业的就业结
构升级。

第七章 北京市产业结构优化问题与对策研究

基于前文研究结果，本章致力于对北京市当前实际利用 SFDI 及产业结构优化、服务业结构升级、就业结构优化的问题与挑战进行识别，进而基于北京市 SFDI 的政策引导、行业选择与空间布局、外部环境构建等方面，提出北京市产业结构高级化与合理化，服务业结构升级及高端服务业发展，就业结构高端化、从业人口空间布局合理化的产业、就业、环境、人口协调发展的参考建议。

第一节 北京市基于 SFDI 的产业结构优化问题研究

一、北京市 FDI 空间分布不够均衡

北京市实际利用 FDI 最显著的问题是 FDI 流入的空间分布问题。从实际利用 FDI 的总量来看，城区中的东城区、西城区、朝阳区和海淀区实际利用 FDI 远高于怀柔、平谷区、密云区和延庆区。2006～2017 年，随着北京市 FDI 实际使用额的不断攀升，差距不断扩大。2006 年，西城区实际利用 FDI 为 112446 万元，同年密云区为 21119 万元，延庆区为 8961 万元，东城区实际利用 FDI 为密云区的 5.32 倍，延庆区的 12.55 倍；2017 年，西城区实际利用 FDI 为 7715945 万美元，密云区同年利用 FDI 仅为 4785 万元，延庆区为 3383 万元，西城区利用 FDI 为密云区的 1613 倍，更是延庆区的 2281 倍。[①] 绝

---

① 此处引用数据均已去掉汇率及通胀因素影响，可见本书表 2—4。

大部分的 FDI 都流向了城区，近郊区和远郊区实际利用额比例非常低，而密云区、延庆区、平谷区和怀柔区四个区的利用额还不及 1％。这恰好印证了耦合研究中对 FDI 系统自身发展层次的测度，FDI 空间分布极度不平衡是 FDI 自身系统发展不完善的一个重要体现。

这种不平衡与各区域资源禀赋、地理位置、产业发展、经济水平及外商引资环境有很大关系。东城区、西城区、朝阳区、海淀区是北京市金融业、高端服务业、高科技行业及大型外资企业聚集的四个区域，地理位置为北京市核心或紧邻核心区域，也是大量科技创新、新兴行业集聚的区域，经济和产业发展更为成熟，就业结构处于北京市就业结构的高级端，自然吸引更多的外资流入。远郊区在地理位置、产业发展和经济水平上都相对落后，产业也主要以传统的第一、第二产业为主，行业和地区产值都相对较低，吸引外资能力较弱。同时，远郊区的外资政策与城区差异不大，未能弥补远郊区自身发展方面形成的引资短板，造成 FDI 在北京市不同区之间的分布极度不平衡。

二、北京市产值分布差异性较大

北京市产业结构中最突出的是产值分布极度不均衡，包括产值在三次产业的分布、行业分布和区地理上的空间分布。一方面，从产业间协调发展的产业结构合理化角度来看，北京市产业结构分布合理化有待提升。另一方面，产值是经济发展水平与发展程度的主要表征，产值分布呈现出较强的差异性，有待进一步提升。

从产值的三次产业分布来看，北京市服务业产值占绝对优势，2017 年北京市服务业产值为 22212.4 亿元，占三次产业总产值的 80.56％，三次产业的产值比为 0.43：19.01：80.56，呈现出三次产业占比的极度不均衡。服务业产值的迅猛增长是产业结构升级及高端服务业发展的具体表征，但北京市经济增长方式转化的同时，制造业的升级转型未能及时跟进，高端制造业尚待进一步发展。

从产值的行业分布来看，北京市服务业产值主要集聚在科技、知识密集程度较高的高端服务行业，如金融业，信息传输、软件和信息技术服务业，科学研究和技术服务业；第一、第二产业的产值主要集聚在资本密集度较高的建筑业和制造业，2017年建筑业产值为采矿业的153.58倍。北京市劳动密集型行业的全要素生产率有待提升。

从产值的空间分布来看，北京市产值呈现出较显著的区域集聚性，表征了北京市经济发展的区域不平衡性。2017年数据显示，北京市产值主要集聚于海淀区、朝阳区、西城区和东城区。东城区和西城区2017年产值占北京市总产值的24.23%，海淀区、朝阳区、丰台区、石景山区占总产值的53.19%，通州区、大兴区、昌平区、顺义区、门头沟区、房山区六个近郊区占总产值的18.91%，远郊区密云区、延庆区、平谷区、怀柔区的占比为3.67%。可见北京市产值基本都集聚在城六区，产值的空间分布极度不均衡，引发北京市经济发展水平及发展层次的显著空间非均衡性。

三、北京市就业空间分布集聚性较强

北京市就业的空间分布具有较强的不平衡性，这种不平衡性表征在北京市就业总量与就业质量的空间集聚上。从就业总量来看，一方面，从2017年的就业情况看，北京市就业总量主要集中于海淀区、朝阳区，其中海淀区吸纳就业173.93万人，朝阳区吸纳就业146.39万人，这两个区分别占北京十六个区中吸纳就业的第一位和第二位，排名第三、第四位的为西城区的91.68万人和东城区的58.90万人。排名最末的三个区分别为怀柔区（9.98万人），延庆区（6.8万人）和门头沟区（4.88万人）。其中，排名第一的海淀区吸纳就业人数为门头沟区的35.64倍（见表2—11）。另一方面，新增就业同样具有较强的集聚性，从2006～2017年的时间跨度来看，海淀区和朝阳区吸纳就业人数上升较快，海淀区由2006年的107.79万人升至2017年的173.93万人，朝阳区则由2006年的82.83万人升至2017年的146.39万人；郊区中的大兴区和顺义区增幅突出，2017年吸纳就业相对2006年分别增加了118.29%和94.31%（见表2—11）。

从业收入是从业人员质量与素质的一个表征，北京市各区的平均工资在一定程度上反映了各区就业素质情况，北京市各个区的平均工资同样呈现出较强的不平衡性。2017年，北京市城镇就业平均工资为13.25万元，西城区

的平均工资为 18.20 万元，远高于平均线；门头沟区、房山区、延庆区的平均工资则都未达到 7.5 万元，远低于平均线。[①] 从业收入在北京市各个区表现出较显著的空间分布的歧视性，一定程度上说明，北京市就业的质量和从业人员素质在地理分布上具有集聚性和歧视性。这与东城区、海淀区、朝阳区发达的金融、高端服务业、高科技产业有较大关系。在一定程度上，北京市各个区的产业选择，决定了区的就业总量、就业质量与就业人员素质。

此外，北京市就业总量与质量的不平衡空间分布表明，北京市就业系统尚待进一步发展和完善。

四、北京市 SFDI 溢出效应有待提高

北京市 SFDI 的溢出效应包括对产值增长的知识溢出和对就业增长的就业效应两部分。

第一，北京市 SFDI 对产值增长的知识溢出效应有待提高。SFDI 对产值增长的知识溢出包括其对产业结构优化、对北京市各行业产值增长和对区经济增长的知识溢出三部分。

基于产业结构高级化与产业结构合理化的研究显示，SFDI 对同期的北京市产业结构高级化具有负面效应，对同期的北京市产业结构合理化具有正面效应，滞后二期的 SFDI 对北京市产业结构高级化具有正面促进作用，对产业结构合理化具有负效应。SFDI 流入服务业行业，会对北京市本土服务行业产生正向的知识、技术溢出和负向的竞争、排斥效应，两种效应的综合表征为 SFDI 对服务行业的具体溢出效应。SFDI 对北京市产业结构当期影响效应为负，说明 SFDI 的正面知识溢出效应仍有待提升。同时表明，北京市本土产业体系及服务业体系在价值链上与外资相比仍处于不利位置，竞争力水平仍有待提升。

基于北京市各行业层面数据的检验显示，服务业外商直接投资在服务业行业内的溢出效应不显著。说明 SFDI 对北京市本土的正向溢出效应与负向竞争排斥效应的综合作用方向不明确，一方面表明 SFDI 正向溢出不显著，另一

---

① 此处引用数据均已去除通货膨胀因素。

方面说明北京市服务业竞争力仍有待提高。

基于远郊区的数据显示，外资对远郊区经济增长的作用不显著，远郊区的经济增长主要依赖就业与固定资本投入的拉动。这说明SFDI在远郊区的集聚程度过低，远郊区SFDI引入与SFDI的利用需要进一步的政策鼓励及政策引导，在增加远郊区SFDI流入总量的同时，也应对已有SFDI进行有效的行业选择及区域分布的引导，促使其正向溢出效应的发挥。

第二，北京市SFDI的就业效应不显著。SFDI对北京市就业效应可体现为两个方面：一是对就业总量的溢出效应，表现为就业吸纳和就业创造效应；二是对就业质量或素质的溢出效应，表现为FDI的知识溢出效应。

FDI对就业总量的外溢作用方面，FDI并未表现出对行业就业总量的显著拉动作用。首先，基于行业类别的研究结果显示，行业就业的增长主要得益于行业产值的增长对劳动力需求的增加，FDI对就业的作用并不明确。而城六区的FDI对就业总量具有负向作用，也就是FDI的流入挤出了劳动密集型的就业。其次，基于FDI与就业结构的行业耦合结果来看，FDI系统与就业结构的行业系统之间的耦合程度在2017年才达到中级协调发展阶段，属于良性耦合，耦合程度距离高水平耦合还有一段距离，说明两者之间的互相影响并不显著。最后，FDI与就业结构的空间耦合显示，FDI系统与就业结构系统在空间分布上2016年才步入中级协调发展阶段，两者之间的互动同样不显著。说明FDI的就业吸纳和就业创造效应仍有待提高。

FDI对就业质量的作用方面，同样未表现出显著的知识外溢效应。基于FDI与就业结构素质结构的耦合研究表明，FDI系统质量结构参序量与就业系统的素质结构参序量值都在0.6～0.7，说明FDI质量结构与就业素质结构均未达到成熟发展阶段，两者调整后的耦合协调度在2017年才达到0.8，之前一直处于0.6～0.7，也就是高质量FDI流入对就业质量与素质结构的外溢作用还需进一步提高。

五、北京市高端行业有待进一步发展

高端服务业和高科技行业发展与就业已成为北京市产业发展和就业创造的核心驱动力，这从北京市就业总量在高端服务业与高科技行业的高度集聚，及远超平均线的行业平均工资都可见一斑。但北京市高端服务行业和高科技行业的发展与就业尚未达到成熟阶段，主要表现在三个方面：一是高端服务业和高科技行业尚未发展出自身显著的行业异质性，二是行业发展中的创新驱动因素不足，三是行业从业人员的全要素生产率有待提升。

首先，北京市当前的高端服务业发展以科技密集型为主要特征，基于行业类别的研究显示，与其他五大行业类别相比，北京市高端服务行业尚未具备明显区别于其他五大行业的个体效应或异质性。

其次，研发投资对服务业增长的作用并不显著，说明北京市高端服务产品中，科技创新因素贡献比重仍处于偏低的发展阶段。高端服务行业和高科技行业以科技密集型与知识密集型为主要特征，创新因素作为高端服务业发展的主要驱动力，应在高端服务的发展中贡献较大力量。知识密集与科技密集的特性决定了发展高端服务业可以提高要素配置效率，同时减少资源消耗和环境损害。信息密集的特性决定了发展高端服务业可以推动信息技术与产业的糅合发展，同时改进效率低下的生产方式和组织形式，形成新的、劳动生产率较高的生产方式和组织形式，实现经济的集约型增长和服务半径的扩大。北京市信息传输、软件和信息技术服务业，科学研究和技术服务业的增长中，创新因素起到较大作用，但目前在金融、商务、教育、文化、医疗、育幼养老、建筑设计、会计审计、商贸物流、电子商务等服务业领域中，无论是创新技术、创新知识还是创新人才，都处于欠缺状态，知识与科技密集程度相对发达国家同等部门还较低，创新驱动因素的增长贡献并不明显，尚需进一步加强。

最后，北京市服务业增长呈负向作用，就业溢出效应不显著。基于北京市总体的数据研究，北京市就业总量的增加对北京市服务业增长具有负效应；基于北京市服务业行业数据的研究，北京市行业就业对服务业行业增长的作用不显著。究其原因，一方面可能是服务行业增加的劳动力类型与服务行业需求的劳动力类型存在一定程度的错位。北京市服务业增加的劳动力主要是全要素生产力相对较低的劳动密集型劳动力，北京市已步入知识、科技密集型的高端服务业发展阶段，对服务业从业人员的要求已从单纯的以"量"为优势的劳动密集型转化为以"质"为优势的知识、科技密集型。劳动密集型的普通服务业从业人员的过度投入并不能实现当前发展时期的服务业发展。另一方面，北京市服务行业的全要素生产率有待提高。2015 年北京市服务行业首次试点开放以来，服务业发展迅猛，同时，高科技、高国际化层次的高端服务业得到较快发展，但整体来说，服务行业仍存在一定程度的中低端锁定问题。

第二节　北京市基于 SFDI 的产业结构优化对策研究

一、基于服务业扩大开放，有效改善营商环境

2019 年 1 月国务院批复《全面推进北京市服务业扩大开放综合试点工作方案》，北京市服务业进一步扩大开放，进一步聚焦服务业开放重点领域，同时推出 190 项开放创新举措。进一步的扩大开放要求与之相平衡发展的营商环境的构建与改善，为北京市"高、精、尖"产业发展的实现及产业结构的优化提供正向的外部环境。

首先，通过服务业进一步扩大开放，构建有效促进北京市产业结构高端化、服务化、集聚化、融合化、低碳化发展的营商环境。宏观层面上，进一步引导北京市贸易、投资对接高标准的贸易、投资规则，对接"一带一路"倡议与北京市发展方向，加快市场准入机制和监管模式改革，推动配套支撑体系建设，构建与国际规则相衔接的服务业扩大开放基本框架。着力营造优良的国际服务环境，实施外商投资准入前国民待遇加负面清单的管理模式，全面提高投资贸易便利化水平。支持新城承接重点产业功能区溢出功能，促进区县及产业发展的对接联动发展格局的形成。微观层面上，进一步完善以服务促发展的体系，深入做好在京中央单位和企业的服务，积极吸引知名跨国公司区域总部及研发、运营、采购、结算中心落户，加强对外资企业、民营企业的服务。

其次，北京市应在持续扩大开放的基础上，为外资进入及高端服务业发展提供更为健康的发展生态圈。均衡高端服务业在北京的空间布局，实施新的外商投资法律制度，引入侵权惩罚性赔偿制度，增强民事司法保护和刑事

保护力度，提高知识产权保护水平，使企业的技术、生产等创新得到更好、更广泛的保护。进一步明确企业利润处置方式及相关规定，提高政策的可操作性。全面实施平等待遇，全面取消外资准入负面清单之外的限制推动北京市外资高水平的市场准入对在北京注册的各类企业平等对待，一视同仁，建立健全外资企业投诉机制。放宽市场的准入门槛，引入国际高端、多元服务供给，有取消外商投资飞机维修项目必须中方控股的限制，引入国内首家外资控股飞机维修合资公司，支持符合条件的外资机构依法申请设立银行卡清算机构等。在放宽文化领域准入门槛方面，取消外商投资设立演出经纪机构股比限制，允许在特定区域设立外商独资演出机构等。强化投资保护和争端友好仲裁制度，通过争端解决机制妥善处理内外资企业矛盾，增强外资机构对中国市场体制的信任。推动北京市产业结构优化和高端服务业发展。

二、基于各区个体特征，科学均衡外资分布结构

由于北京市不同行业之间具有异质性，北京市 SFDI 的总量与质量、就业总量与质量在北京市十六个区的空间区域分布上具有极大的非均衡性。因此，在引导 SFDI 流入总量与流入结构方面，必须考虑到各区之间显著的异质性，根据不同区的个体特征来科学均衡外资分布结构。

均衡北京市区外资分布的空间结构，基于各区不同的实际利用外资特征，对 SFDI 的引入与 SFDI 的选择进行科学引导。由于城区六区 FDI 流入总量及质量层次相对较高，同时也是产业结构发展程度相对较高、就业总量相对集聚的区域，科学有效地选资，进一步促进 FDI 的知识外溢效应，进而在科学利用 SFDI 的基础上实现产业结构的进一步优化和高端产业的进一步发展，着重于高质量 SFDI 的行业及区域选择。由于郊区十个区相对城区而言，在 SF-DI 流入总量、质量结构方面都相对较低，尤其是密云区、怀柔区、延庆区等远郊区，产业结构发展程度相对较低，重点应放在吸引 SFDI 的流入、增加 SFDI 流入总量，并在总量提升的基础上注重质量。同时，由于郊区地理分布和产业发展的个体特征，应注意引导与郊区第二产业关联性较强的生产性服务业 FDI 的流入，使其在促进郊区服务业发展的同时，对郊区本身已有制造业产生正向溢出，进而促进郊区服务产业和与服务产业关联度较高的制造业

的发展。

此外，均衡北京市各区的外资分布质量结构，在引资政策上进行科学创新，进而促进北京市产业结构优化。可根据北京市各区自身发展阶段及特征，以及各区重点产业功能，整合资源，进行专业化和精准化的引资，根据各区发展定位进行引资。在外资引入方面，可通过整合招商机构或社会中介机构来获得高端项目与资源的信息，进而加大对高端项目、高端技术和高端人才的引进；在外资选择方面，还可通过科学、有效的专家遴选机构，选出对各区产业发展最有效的服务业外资；在产业均衡方面，注意将引资政策、优质SFDI、各区资源优势综合集成到各区的重点产业、重点项目上，促进SFDI的正向外溢，优化北京市产业结构、服务业结构与就业结构的空间分布。

三、着眼行业异质性，合理优化产业与就业结构

由于北京市不同行业之间具有较为明显的异质性，北京市SFDI的总量与质量、就业总量与质量在北京市不同行业的分布上具有极大的非均衡性。因此，在基于SFDI的就业结构优化方面应着眼于行业的异质性，根据SFDI在北京市不同行业类型中的作用来进一步促进SFDI的知识外溢作用与就业外溢效应，进而合理优化产业结构与就业结构。

首先，对于高端服务业和高科技行业，由于行业具有较高的科技知识密集程度，也具备较高的行业平均工资，对从业人员的知识密集度要求更高。这些行业中，SFDI科技含量越高，对一般从业人员的就业挤出效应越强。因此，应重点促进SFDI的知识外溢效应，通过SFDI引入更先进的科技、管理理念，进而通过外溢效应提升北京市从业人员的素质，实现产业结构的优化与就业结构的优化。

其次，对于基础行业、一般服务行业等劳动、资本相对密集型的行业，SFDI流入质量层次及高科技含量相对一般，SFDI的主要作用是资本补充。对于这些行业，应重点促进SFDI的资本效应，就业吸纳和就业创造效应。通过政策倾斜，鼓励那些环境优化、与北京市城市发展目标一致的SFDI流入劳动与资本相对密集型的行业，并鼓励提高这些SFDI在郊区的空间分布占比，进而合理化北京市就业的行业结构和空间结构。

再次，对科技含量高、知识密集型外资，尤其是带来创新科技、创新管理经验、有利于培养创新人才的高质量外资，应给予更多的便利，同时鼓励这类外资投向北京市数字经济、金融、科技、文化创意、教育、医疗等高端、新兴服务业和新兴服务领域。同时，积极鼓励在京的各类科研机构、高等院校与高科技外资企业建立战略合作伙伴关系，在科技领域深入合作，共同研发。在大力引资的同时，也平衡好内外资的竞争关系，进一步提升外商直接投资对北京市就业的溢出效应，进而促进北京市就业结构的优化。

最后，对于与制造业密切关联的生产性服务业 FDI，应重点引导含有先机技术、应用先进设备及具有先进管理经验的生产性服务业 FDI 流入与其相关的制造业和服务业。一方面，通过生产性服务业 FDI 对制造业的直接资本补缺效应和技术溢出效应来提高北京市本土制造业的技术水平与全要素生产率；另一方面，通过生产性服务业 FDI 对北京市本土生产性服务行业的正向溢出效应，促进本土生产性服务业的结构升级，再通过生产性服务业与制造业的产业关联效应，来促进制造业的产值增长及结构升级，进而实现北京市的产业结构高级化与合理化。

四、提升科技内涵，推进高端服务业创新发展

服务业作为吸纳及创造就业的核心产业，是就业增长的核心驱动力，而高端服务业作为典型的高科技和先进知识聚集的行业，是高端人才的集聚行业，也是就业结构高级化的源泉。北京市作为全国科技创新中心，提升服务业科技、知识密集度，促进服务业创新发展及高端服务业就业是北京市经济发展、就业结构优化的核心内容之一。北京市近年来不断加大科技投入，但投入产出比仍相对偏低，尤其服务研发方面。服务研发由于具有不易度量和不易保护的特性，如新金融工具、新销售理念、新零售业模式以及包含现有核心产品和服务的新服务集合体等，同时服务创新模式的技术含量不显著，使服务研发创新的力度受到影响。应在政策上有所倾斜，保护和鼓励服务研发，同时在研发侧重方向上有所引导，促进服务研发成果的现实应用，提高服务研发投资的回报率。

北京市应利用现有科技与互联网发展优势，鼓励服务业提升其服务产品

科技内涵，创新发展。同时，北京市作为全国首个服务业全面开放的服务经济城市及互联网经济最发达的区域，也是全国高端人才集聚的重要区域之一。一方面，从服务研发及研发成果保护方面，制定相关知识产权保护政策，鼓励并保护服务研发及服务研发成果的正常转化。鼓励新技术、新模式在服务业的应用，并对应用创新服务、创新商业模式的企业或大众用户给予直接资助，补贴创新服务、创新商业模式应用的保险费用，鼓励保险公司开发关于创新服务应用的新型责任保险产品等。另一方面，应从政策制定上，对服务创新企业适用高新企业税收优惠政策，并将对高新技术企业认定的相关规定拓展到服务创新（商业模式创新）领域，使服务创新的企业能够享受到相应政策。此外，也应进一步鼓励服务产品创新中的产业融合，对涉及应用或集成新技术、产业链运作模式变更、产业链创新协同、相关平台的搭建，乃至管理模式的变动、行政监管与市场准入等方面的服务创新，需要根据产业融合的特征，在市场准入、税收政策、公共环境构建等方面给予政策支持。鼓励融合科技产业的服务创新行业和新兴服务领域的发展，如电子商务、网络文化创意产业、移动医疗服务等，并在市场准入、税收等相关政策方面给予支持。

五、强化科研合作，提升高端人才结构占比

就业结构的高级化本质上是高端人才就业比例的提高。高端人才主要指在高端服务业、高科技行业等知识、密集型行业从业，具有高科技或先进管理经验等知识的高级人才。高端服务人才的就业总量与结构占比的提升是就业结构优化的重要表征之一。北京市作为全国的科学技术、对外交流中心，应着力于建设国际化高端人才队伍，提升高端人才结构占比，支撑产业结构与就业结构优化。

一方面，通过各种科研、科技合作，加快培育高端国际人才。如制定高端人才分类开发、培养计划，以引导高等院校、社会培训机构发展不同层次和类型的高端服务专业教育，通过不同渠道和不同形式培养高端服务业及高科技等知识、科技密集型行业急需的人才。或通过支持国内高校、职业学校加强相关学科专业建设和人才培养基地建设，构建强有力的人才支持体系。

还可以通过引导高校和企业开展深度合作，创新应用型、复合型高端人才培养模式。同时积极稳妥地推进教育对外开放，引进国外优质教育资源，培育高水平中外合作办学项目。另一方面，通过多种途径引进国内外国际化高端人才。如放宽国际化高端人才户籍准入限制，在北京市户籍申请上适当加分，鼓励国际化的高端服务业人才或科技人才落户北京，同时鼓励发展专业化和国际化的社会人才中介机构，拓宽引才渠道等。注重高端人才引进与高质量FDI引进的同时进行，如在外资集聚度较高的服务领域，对高质量外资进行筛选的同时，鼓励具有高级管理经验的人才与外资同时进入投资领域，通过知识溢出效应带动国内相关领域人才的培养与跟进。并通过高端人才占比的提升，进一步促进从业人员素质、就业质量及全要素生产率的提升，进而实现北京市产业结构的优化。

参考文献

[1] Acemoglu，Daron. Technical Change，Inequality and the Labor Market [J]. Journal of Economic Literature，2002（40）：7—72.

[2] Akamatsu K. Waga kuni Yomo Kogyohin no Susei [J]. Shogyo Keizai Ronso，1935（13）：129—212.

[3] Arthur Lewis. The Evolution of the International Economic Order [M]. Princeton：Princeton University Press，1978.

[4] Balasubramanyam V. N，et al. Foreign Direct Investment and Growth in EP and in Countries [J]. The Economic Journal，1996，106（4）：92—105.

[5] Banga R. Drivers of Outward Foreign Direct Investment from Asian Developing Economies [J]. Asia—Pacific Trade and Investment Review，2008（4）：195—215.

[6] Bhattachary R. Export Versus FDI in Service [J]. The World Economy，2012，35（2）：61—78.

[7] Blomstrom M. Foreign Investment and Productive Efficiency：The Case of Mexico [J]. Journal of Industrial Economics，1986，35（1）：97—110.

[8] Borensztein，Eduardo，Jose De Gergorio，and Jong—Wha Lee. How Does Foreign Direct Investment Affect Economic Growth? [J]. Journal of International Economics，1998，45（1）：115—135.

[9] Bound J. and Johnson G. Changes in the Structure of Wages in the 1980's：An Evaluation of Alternative Explanation [J]. American Economic Review，1992（82）：371—392.

[10] Cantwell J.，Tolentino P. E. Technological a Cumulation and Third World Multinational [J]. International Investment and Business Stud-

ies, 1990 (3): 1—58.

[11] Cassette A., Fleury N., Petit S. Income Inequalities and International Trade in Goods and Services: Short and Long Run Evidence [J]. The International Trade Journal, 2012, 21 (3): 223—254.

[12] Chenery T. Srinivasan, et al. Handbook of Development Economics Vol. Ⅱ [M]. New York: North Holland, 1989.

[13] David Williams. Explaining Employment Changes in Foreign Manufacturing Investment in the UK [J]. International Business Review, 2003 (12): 479—497.

[14] Di Shang, Liyan Liu. FDI, Institutional Change, Employment and Services Growth in Megalopolises [J]. Journal of Service Science and Management, 2019 (12): 682—696.

[15] Dierk Klasen, Stephan and Nowak—Lehmann, Felicitas. In Search of FDI—led Growth in Developing Countries: The Way forward [J]. Economic Modelling, 2008 (25): 793—810.

[16] Dolly S. Do the FDI Inflows Affect Domestic Investment? [J]. The Journal of Developing Areas, 2015, 49 (6): 173—190.

[17] Dunning J. H. Multinational Enterprise and the Global Economy [M]. New Jersey: Addison—Wesley, 1993.

[18] Dunning J. Reevaluating the Benefits of Foreign Direct Investment [J]. Transnational Corporations, 1994 (3): 23—52.

[19] Edgar Malone Hoover. The Location of Economic Activity [M]. McMgraw—Hill Book Company, 1948.

[20] Edgar Malone Hoover and Frank Giarratani. An Introduction to Regional Economics [M]. New York: Knopf, 1984.

[21] Edwards S. Openness, Productivity and Growth: What do We Really Know [J]. The Economic Journal, 1998, 108 (3): 383—398.

[22] Ernst C. The FDI—employment Link in a Globalizing World: The case of Argentina, Brazil and Mexico [J]. Employment Strategy Papers , 2005 (17).

[23] Feenstra, Robert C. and Hanson, Gordon H. Foreign Direct Investment and Relative Wages: Evidence from Mexico's Maquiladoras [J]. Journal of International Economics, 1997 (42): 371—393.

[24] Fernandes A. Service FDI and Manufacturing Productivity Growth: There is a Link [R]. World Bank, 2008.

[25] Feenstra R. and G. H. Hanson. Foreign Direct Investment and Relative Wages: Evidence from Mexico's Maquiladoras [J]. Journal of International Economics, 1997, 42 (3—4): 371—393.

[26] Feenstra R. and G. H. Hanson. Global Production Sharing and Rising Inequality. A Survey of Trade and Wages [R]. NBER Working Paper, 2001.

[27] Fernandes A. Foreign Direct Investment in Services and Manufacturing Productivity: Evidence for Chile [J]. Journal of Development Economics, 2012, 97 (2): 305—321.

[28] Fixler D., Siegel D. Outscourcing and Productivity Growth in Services [J]. American Economic Review, 2012, 84 (1): 210—226.

[29] Francisco Garcíaa, Byungchae Jinb, Robert Salomonc. Does Inward Foreign Direct Investment Improve the Innovative Performance of Local Firms? [J]. Research Policy, 2013 (42): 231—244.

[30] Fred Henneberger, Alexandre Ziegler. Employment Effects of Foreign Direct Investment in the Service Sector: A Systematic Approach [R]. Gallen University Working Paper, 2006.

[31] Fu, Xiaolan, Carlo Pietrobelli, and Luc Soete. The Role of Foreign Technology and Indigenous Innovation in the Emerging Economies: Technological Change and Catching—Up [J]. World Development, 2011, 39 (7): 1204—1212.

[32] Greenstone M., Hornbeck R., Moretti E. Identifying Agglomeration Spillovers: Evidence from Winners and Losers of Large Plant Openings [J]. Journal of Political Economy, 2010 (118): 536—598.

［33］ Goldsmith R. Financial Structure and Development ［M］. New Haven: Yale University Press, 1969.

［34］ Haskel J. E. , Pereira S. C. and Slaughter M. J. Does Inward Foreign Direct Investment Boost the Productivity of Domestic Firms ［R］. NBER Working Paper, 2002.

［35］ Haosen Xu, Liyan Liu. The Development of High—End Service Industry Based on Opening—Up of Services: A Case of Beijing ［J］. Modern Economy, 2019 (10): 1897—1913.

［36］ Hunya G. International Competitiveness — Impacts of Foreign Direct Investment on Growth and Restructuring in Central European Transition Economies, Research Report ［R］. The Vienna Institute for International Economic Studies (May), 2002.

［37］ Huther J. Relating Labor Productivity to Wages in Service Sectors: A Long—Run Approach ［J］. Economic Inquiry, 2013, 38 (1): 110—122.

［38］ Hwy— Chang Moon, Roehl T. W. Unconventional Foreign Direct Investment and the Imbalance Theory ［J］. International Business Review, 2001 (10): 197—215.

［39］ John A. , Mathews. Competitive Advantages of the Latecomer Firm: A Resource—Based Account of Industrial Catch—Up Strategies ［J］. Asia Pacific Journal of Management, 2002 (19): 467—488.

［40］ Jordi Paniagua, Juan Sapena. Is FDI doing Good? A Golden Rule for FDI Ethics ［J］. Journal of Business Research, 2014 (67): 807—812.

［41］ Kaname Akamatsu, Wagakuni Yomo, Kogyohim no Boeki Suisei. The Trend of Japan Trade in Woolen Manufactures, Shogyo Keizai Ronso ［J］. Journal of Nagoya Higher Commercial School, 1935 (129).

［42］ Kaname Akamatsu. A Theory of Unbalanced Growth in the World Economy ［J］. Weltwirtschaftliches Archiv, 1961 (86): 196—215.

［43］ Kojima, Kiyoshi. A Macroeconomic Approach to Foreign Direct Investment ［J］. Hitotsubashi Journal of Economics, 1973 (14): 1—20.

[44] Kojima Kiyoshi. International Trade and Foreign Direct Investment: Substitutes or Complements [J]. Hitotsubashi Journal of Economics, 1975 (16): 1—12.

[45] Kojima Kiyoshi. Transfer of Technology to Developing Countries—Japanese Type versus American Type [J]. Hitotsubashi Journal of Economics, 1977a (17): 1—14.

[46] Kojima Kiyoshi. Kaigai Chokusetsu Toshi Ron Theory of Foreign Direct Investment [M]. Tokyo: Diamond, 1977.

[47] Kokko A. FDI and the Structure of Home Country Production [D]. Akademi University, Finland. Policy Discussion Paper, 2000.

[48] Lall Sanjaya. The New Multinationals [M]. New York : Chichester and New York, John Wiley, 1983.

[49] Leamer, Edward E. Factor—Supply Differences as a Source of Comparative Advantage [J]. American Economic Review, 1993, 83 (2): 436—439.

[50] Lipsey R. E. Foreign Direct Investment and Wages in Indonesian Manufacturing [R]. NBER Working Paper, 2001.

[51] Liyan Liu. FDI and Economic Development: Evidence from Mainland China [J]. Journal of Service Science and Management, 2011 (4): 419—427.

[52] Liyan Liu. FDI and Employment by Industry: A Co—integration Study [J]. Modern Economy, 2012 (3): 16—22.

[53] Liyan Liu, Hui Jia, Shaozhong Cui. The Coupling Mechanism between FDI and Employment Structure: A Case of Beijing [J]. Business, 2019 (11): 21—41.

[54] Mathews J. A. Dragon. Multinationals: New Players in 21st Century Globalization [J]. Asia Pacific Journal of Management, 2006 (23): 5—27.

[55] Melvin J. R. Trade in Producer Services: A Heckscher — Ohlin Approach [J]. The Journal of Political Economy, 1989, 97 (5): 1180—1196.

[56] Meng — Wen Tsou, Jin — Tan Liu, James K. Hammitt and Ching—Fu Chang, The Impact of Foreign Direct Investment in China on Employment Adjustments in Taiwan: Evidence from Matched Employer - Employee Data, Japan and the World Economy, 2013, 1 (7): 25—26.

[57] Nadia D. and Merih U. Does the Worldwide Shift of FDI from Manufacturing to Services Accelerate Economic Growth? A GMM Estimation Study [J]. Journal of International Money and Finance, 2011, 30 (3): 410—427.

[58] Ozava Terntomo. Foreign Direct Investment and Economic Development [J]. Transnational Corporations, 1992 (1): 27—54.

[59] Panagiotis Pegkas. The impact of FDI on Economic Growth in Eurozone Countries [J]. The Journal of Economic Asymmetries, 2015, 12 (2): 124—132.

[60] Raymond Vernon. International investment and International Trade in the Product Cycle [J]. The Quarterly Journal of Economics, 1966, 80 (2): 190—207.

[61] Sanjaya Lall. Determinants of R&D in an LDC : The Indian Engineering Industry [J]. Economics Letters, Elsevier, 1983, 13 (4): 379—383.

[62] Sanjaya Lall. Development Strategies in Semi — Industrial Economies : Bela Balassa and Associates [J]. Journal of Development Economics, Elsevier, 1983, 13 (3): 393—397.

[63] Shannon C. E. A Mathematical Theory of Communication [J]. Bell System Technical Journal, 1948 (3): 3—55.

[64] Taylor K. and N. Driffield . Wage Inequality and the Role of Multinationals: Evidence from UK Panel Data [J]. Labour Economics, 2005, 12 (2): 223—249.

[65] Tsai P. L. Foreign Direct Investment and Income Inequality: Further Evidence [J]. World Development, 1995, 23 (3): 469—483.

[66] Tuan C., Ng L. and Zhao B. China's Post—economic Reform Growth: The Role of FDI and Productivity Progress [J]. Journal of Asian Economics, 2009, 20 (3): 280—293.

[67] Verhoogen, Eric A. Trade, Quality Upgrading, and Wage Inequality in the Mexican Manufacturing Sector [J]. The Quarterly Journal of Economics, 2008, 123 (2): 489—530.

[68] Wei K., S. Yao and A. Liu. Foreign Direct Investment and Regional Inequality in China [J]. Review of Development Economics, 2009, 13 (4): 778—791.

[69] William W., Olney. A Race to the Bottom? Employment Protection and Foreign Direct Investment [J]. Journal of International Economics, 2013 (91): 191—203.

[70] Wood A. The Factor Content of North— South Trade in Manufactures Reconsidered [J]. Weltwirtschaftliches Archiv, 1991, 127 (4): 719—743.

[71] Yunmeng Li, Liyan Liu. FDI, Employment, and Economic Growth of Beijing City: Mechanism and Empirical Test [J]. Theoretical Economics Letters, 2019 (9): 2070—2084.

[72] Yuriy G., Jan S., Katherine T. Dose Foreign Entry Spur Innovation? [R]. NBER Working Paper, 2015.

[73] Zhang K. H. Does Foreign Direct Investment Promote Economic Growth? Evidence from East Asia and Latin America [J]. Contemporary Economic Policy, 2001, 19 (2): 175—185.

[74] Zhao S. Privatization, FDI Inflow and Economic Growth: Evidence from China's Provinces, 1978—2008 [J]. Applied Economics, 2013, 45 (13—15): 2127—2139.

[75] Zhong Xiaojun. Research on the Growth Effect of FDI to Service Industry of Our Country [J]. Techoeconomics and Management, 2014 (4): 421—436.

［76］Zhou D.，Li S. and Tse D. K. The Impact of FDI on the Productivity of Domestic Firms：The Case of China ［J］. International Business Review，2002（11）：465－484.

［77］蔡昉，王德文. 外商直接投资与就业——一个人力资本分析框架［J］. 财经论丛，2004（1）：1－14.

［78］蔡宏波，刘杜若，张明志. 外商直接投资与服务业工资差距——基于中国城镇个人与行业匹配数据的实证分析［J］. 南开经济研究，2015（4）：109－120.

［79］章国荣. 中国服务贸易国际竞争力的实证研究［J］. 管理世界，2010（10）：13－24.

［80］陈迅，高远. 中国产业结构变动和 FDI 间的动态关系研究［J］. 科研管理，2006（9）：137－142.

［81］毛日昇. 出口、外商直接投资与中国 FDI 就业［J］. 经济研究，2009（11）：107－117.

［82］陈明，魏作磊. 中国服务业开放对产业结构升级的影响［J］. 经济学家，2016（4）：24－32.

［83］崔日明，张婷玉，张志明. 中国对外直接投资对国内投资影响的实证研究［J］. 广东社会科学，2011（1）：27－30.

［84］崔日明，张志明. 服务业 FDI 与我国服务业结构优化：机理分析与实证研究［J］. 辽宁大学学报（社会科学版），2012（1）：60－69.

［85］戴枫，赵曙东. 生产者服务业 FDI 与东道国工资差距：理论与实证［J］. 世界经济研究，2009（4）：123－134.

［86］丁翠翠，郭庆然. 外商直接投资对我国就业影响的动态效应与区域差异——基于动态面板数据模型的 GMM 估计［J］. 经济经纬，2014（1）：62－67.

［87］代谦，别朝霞. FDI、人力资本积累与经济增长［J］. 经济研究，2006（4）：15－27.

［88］樊瑛. 中国服务业开放度研究［J］. 国际贸易，2012（10）：10－18.

［89］方友林，冼国明. FDI 对我国国内投资的挤入挤出效应：地区差异

及动态特征［J］.世界经济研究，2008（6）：69—73.

［90］方燕，高静.外商直接投资对产业结构的影响分析——基于向量误差修正模型的实证研究［J］.北京工商大学学报，2010（1）：49—52，58.

［91］干春晖，郑若谷，余典范.中国产业结构变迁对经济增长和波动的影响［J］.经济研究，2011（5）：4—17.

［92］高峰.利用外资促进我国产业结构优化作用机理探讨［J］.经济问题，2002（11）：18—20.

［93］郭克莎.加快我国经济增长方式的转变［J］.管理世界，1995（5）：31—40.

［94］何枫，袁晓安.我国SFDI产业内溢出效应机制及其实证效果研究——基于跨省面板数据的随机前沿分析［J］.数量经济技术经济研究，2010（6）：99—110.

［95］华广敏.服务业开放对东道国技术效率的影响［J］.上海财经大学学报，2013（1）：74—82.

［96］黄华民.外商直接投资与我国实质经济关系的实证分析［J］.南开经济研究，2000（10）：46—51.

［97］江波，李江帆.政府规模、劳动—资源密集型产业与生产服务业发展滞后：机理与实证研究［J］.中国工业经济，2013（1）：64—77.

［98］姜建平，赵伊川.SFDI与中国服务业增长关系的实证分析［J］.国际贸易问题，2007（4）：89—90.

［99］江小涓.服务全球化的发展趋势和理论分析［J］.经济研究，2008（2）：4—17.

［100］赖明勇，包群.我国外商直接投资吸收能力研究［J］.南开经济研究，2002（3）：46—51.

［101］李德军，甄文富.外商直接投资对我国产业结构优化的效应分析［J］.改革与战略，2007（11）：112—115.

［102］李华香，李善同.中国城市服务业空间分布的特征及演变趋势分析［J］.管理评论，2014，26（8）：22—30.

［103］李小平，朱钟棣.国际贸易、R&D溢出和生产率增长［J］.经济

研究，2006（6）：31—43.

[104] 李晓钟. FDI 对我国产业结构转型升级的影响 [J]. 社会科学家，2014（9）：6—12.

[105] 刘辉群，卢进勇. 国际直接投资的就业结构效应研究——基于东道国视角 [J]. 国际贸易问题，2009（9）：74—79.

[106] 刘艳. 服务业 FDI 的技术溢出效应的影响因素分析 [J]. 上海交通大学学报，2012（3）：77—85.

[107] 刘泽. FDI 对产业结构优化影响的实证检验——以山东省为例 [J]. 华东经济管理，2019（5）：24—29.

[108] 罗珊，黄翠珊. 外商直接投资的工资效应——基于我国制造业面板数据的实证研究 [J]. 宏观经济研究，2012（6）：75—82，91.

[109] 牟俊霖. 外商投资对中国就业影响的实证分析 [J]. 经济与管理，2007（4）：33—37.

[110] 宋泓，柴瑜. 发展中国家和地区产业成长过程中跨国公司的影响 [J]. 世界经济，1998（2）：36—39.

[111] 唐东波. 全球化对中国就业结构的影响 [J]. 世界经济，2011（9）：95—117.

[112] 田素华. 外资对东道国的产业结构调整效应分析——对上海市案例的实证研究 [J]. 上海经济研究，2004（2）：34—40.

[113] 魏作磊. FDI 对我国三次产业结构演变的影响：兼论我国服务业增加值比重偏低现象 [J]. 经济学家，2006（3）：61—67.

[114] 温怀德，谭晶荣. 中国对外贸易、FDI 对就业影响的实证研究——基于加入世贸组织前后东、中、西部数据的比较 [J]. 国际贸易问题，2010（8）：102—109.

[115] 王剑，徐康宁. 集聚经济、FDI 区位选择与引资新战略 [J]. 东南大学学报（哲学社会科学版），2005（9）：23—27，126.

[116] 王恕立. 服务业分行业生产率变迁及异质性考察 [J]. 经济研究，2012（4）：15—27.

[117] 王霞，陈柳钦. FDI 对中国制度变迁的影响及其实证分析 [J]. 南

京社会科学，2007（11）：7—17.

[118] 王小平. 中国服务业利用外资的实证分析 ［J］. 财贸经济，2005（9）：83—87.

[119] 王新华. 我国服务业外商直接投资的经济增长效应——基于 9 个行业面板数据的实证研究 ［J］. 国际贸易问题，2007（9）：70—73.

[120] 王燕飞，曾国平. FDI、就业结构及产业结构变迁 ［J］. 世界经济研究，2006（7）：51—57.

[121] 吴进红，张为付. 外商直接投资的产业结构效应 ［J］. 南京财经大学学报，2006（12）：23—26.

[122] 吴静芳. 外资结构与我国就业结构的动态关系分析 ［J］. 上海经济研究，2012（12）：14—22.

[123] 许和连，亓朋，李海峥. 外商直接投资、劳动力市场与工资溢出效应 ［J］. 管理世界，2009（9）：53—68.

[124] 徐建伟，郭其友. 外商直接投资的经济增长、就业与工资的交互效应——基于省级面板数据的实证研究 ［J］. 经济学家，2016（6）：15—23.

[125] 徐宏毅，蔡萌，赵迎红. 基于元回归分析的外商直接投资对中国生产率溢出效应的实证研究 ［J］. 经济评论，2012（11）：84—91.

[126] 杨俊龙，张媛媛. 外商直接投资与我国产业结构调整 ［J］. 宏观经济管理，2004（7）：40—42.

[127] 杨扬，余壮雄，王美今. FDI 对中国就业效应的检验 ［J］. 经济学家，2009（5）：5—14.

[128] 杨勇. 我国行业层次的 TFP 估计：1981—2000 ［J］. 经济学（季刊），2009（3）：925 — 950.

[129] 姚战琪. 服务业外商直接投资与经济增长——基于中国的实证研究 ［J］. 财贸经济，2012（6）：89—96.

[130] 赵书华，宋征. 服务业跨国公司在华直接投资的经济效应分析 ［J］. 国际经贸探索，2006（1）：66—70.

[131] 赵文军，于津平. 贸易开放、FDI 与中国工业经济增长方式 ［J］. 经济研究，2012（8）：18—31.

［132］郑畅. FDI 与固定资产投资知识溢出效应对长江流域能源强度的影响［J］. 江西社会科学，2012（6）：65－70.

［133］郑先勇，胡纯. 制度稳定性和变迁视角下的我国外商直接投资政策评价［J］. 特区经济，2010（8）：240－241.

［134］郑月明，董登新. 外商直接投资对我国就业的区域差异与动态效应——基于动态面板数据模型的分析［J］. 数量经济技术经济研究，2008（5）：104－113.

［135］郑月明，王伟. FDI 对我国东部地区就业影响的动态效应——基于 GMM 和 SYS－GMM 分析方法［J］. 工业技术经济，2010（2）：105－109.

［136］钟晓君. 服务业 FDI 对我国服务业增长效应研究［J］. 技术经济与管理研究，2009（4）：45－48.

［137］张平，袁丹. 武汉地区外商直接投资与产业结构升级相关分析［J］. 中国地质大学学报（社会科学版），2010（3）：104－114.

［138］张二震，任志成. FDI 与中国就业结构的演进［J］. 经济理论与经济管理，2005（5）：5－10.

［139］仲伟周，陈晨. 制度变迁、外商直接投资与服务业增长方式［J］. 财贸研究，2018（1）：27－39.

［140］朱金生. FDI 与区域就业转移：一个新的分析框架［J］. 国际贸易问题，2005（6）：114－119.

［141］庄惠明，郑剑山. 中国服务业 FDI 的效应研究：基于技术溢出与竞争排斥视角［J］. 经济与金融管理，2015（2）：26－34，98.

附　录

附表 1　FDI 与北京市就业行业结构耦合测度指标——FDI 行业结构指标标准化数据

年份	S_1	S_2	S_3	S_4	S_5	S_6
2008	1.0000	0.0100	0.2685	0.0464	0.2882	0.0419
2009	0.3832	0.0531	0.6940	0.0418	0.3143	0.0100
2010	0.2420	0.0577	0.4434	0.0386	0.6299	0.0199
2011	0.1645	0.1310	0.4532	0.0438	0.4316	0.0467
2012	0.3505	0.0631	0.3461	0.0630	0.3074	0.2359
2013	0.5137	0.0899	0.3701	0.0500	0.6008	0.1726
2014	0.4294	0.0260	1.0000	0.0468	0.5430	0.1032
2015	0.1767	0.3472	0.0100	0.0100	0.0100	1.0000
2016	0.2027	1.0000	0.2155	0.0521	0.2170	0.3854
2017	0.0100	0.2744	0.6765	1.0000	1.0000	0.5379

年份	S_7	S_8	S_9	S_{10}	S_{11}	S_{12}
2008	1.0000	0.0100	0.5082	0.2695	0.5377	0.1029
2009	0.4924	0.1076	0.9789	0.2328	0.5408	0.0100
2010	0.3937	0.1205	0.6888	0.2233	1.0000	0.0437
2011	0.3220	0.2666	0.6699	0.2329	0.6864	0.0891
2012	0.3876	0.0862	0.4553	0.2590	0.4362	0.3869
2013	0.4675	0.1247	0.4545	0.2039	0.7567	0.2567
2014	0.3900	0.0009	1.0000	0.1787	0.6458	0.1201
2015	0.1448	0.3200	0.0100	0.0100	0.0100	1.0000
2016	0.1412	1.0000	0.1172	0.0986	0.1468	0.2961
2017	0.0100	0.0350	0.1233	1.0000	0.3169	0.1425

附表 2　FDI 与北京市就业行业结构耦合测度指标——就业行业结构指标标准化数据

年份	G_1	G_2	G_3	G_4	G_5	G_6
2008	0.1737	0.0342	0.0541	0.0100	0.0100	0.0100
2009	0.0100	0.0100	0.0799	0.0541	0.0308	0.1366
2010	0.2676	0.0868	0.2126	0.1731	0.1487	0.2471
2011	1.0000	0.5421	0.0100	0.2968	0.3538	0.3547
2012	0.8873	0.9421	0.0670	0.4300	0.4154	0.4942
2013	0.8779	0.8789	0.1753	0.5240	0.6410	0.6802
2014	0.8216	0.8632	0.3673	0.6153	0.6615	0.7267
2015	0.4366	1.0000	0.6057	0.7525	0.7282	0.8169
2016	0.1080	0.8605	0.9394	0.8648	1.0000	0.9186
2017	0.0845	0.9684	1.0000	1.0000	0.9897	1.0000

年份	G_7	G_8	G_9	G_{10}	G_{11}	G_{12}
2008	0.0100	0.0100	0.0100	0.0100	0.0100	0.0100
2009	0.0964	0.0642	0.0930	0.1156	0.0990	0.0676
2010	0.1603	0.1266	0.1400	0.1673	0.1550	0.0877
2011	0.2665	0.2706	0.3605	0.2704	0.2551	0.2173
2012	0.4246	0.4368	0.5532	0.4238	0.4196	0.3476
2013	0.5359	0.5486	0.6841	0.5131	0.5608	0.4280
2014	0.6502	0.6833	0.7609	0.6458	0.6510	0.5172
2015	0.7590	0.7578	0.8255	0.7838	0.8126	0.6750
2016	0.8685	0.8780	0.8524	0.8500	0.9864	0.7781
2017	1.0000	1.0000	1.0000	1.0000	1.0000	1.0000

附表 3　FDI 与北京市就业素质结构耦合测度指标——FDI 素质结构指标标准化数据

年份	Q_1	Q_2	Q_3	Q_4	Q_5	Q_6	Q_7
2008	0.0100	1.0000	0.0100	0.0464	1.0000	0.0100	0.2695
2009	0.0182	0.3558	0.0532	0.0418	0.4639	0.5336	0.2328
2010	0.0149	0.2595	0.0625	0.0386	0.3967	0.6940	0.2233

续表

年份	Q_1	Q_2	Q_3	Q_4	Q_5	Q_6	Q_7
2011	0.0275	0.1752	0.0733	0.0438	0.3191	0.6945	0.2329
2012	0.0788	0.3738	0.1073	0.0630	0.3958	0.5796	0.2590
2013	0.0950	0.5308	0.1057	0.0500	0.4735	0.4145	0.2039
2014	0.1196	0.3403	0.1491	0.0468	0.3340	0.6581	0.1787
2015	0.3280	0.1433	0.3726	0.0100	0.1281	0.9762	0.0100
2016	0.3691	0.2134	0.4089	0.0521	0.1423	0.9651	0.0986
2017	1.0000	0.0100	1.0000	1.0000	0.0100	1.0000	1.0000

附表4 FDI与北京市就业素质结构耦合测度指标——就业素质结构指标标准化数据

年份	H_1	H_2	H_3	H_4	H_5	H_6	H_7	H_8
2008	1.0000	0.9726	0.7677	0.0100	0.0100	0.0100	0.0100	0.0100
2009	0.8988	0.0806	0.0004	0.0851	0.0888	0.1156	0.1848	0.0472
2010	0.8252	0.9875	0.8283	0.1483	0.1403	0.1673	0.1844	0.0968
2011	0.8256	0.0741	0.0003	0.2558	0.2684	0.2704	0.3608	0.2419
2012	0.6948	0.9790	0.8989	0.3972	0.4214	0.4238	0.4650	0.3426
2013	0.5893	0.0529	0.0002	0.5091	0.5231	0.5131	0.5353	0.5605
2014	0.4907	0.9852	0.9452	0.6135	0.6410	0.6458	0.6405	0.6643
2015	0.2787	0.0250	0.0001	0.7422	0.7629	0.7838	0.6883	0.7921
2016	0.1168	1.0000	1.0000	0.8638	0.8471	0.8500	0.8336	0.9408
2017	0.0100	0.0100	0.0100	1.0000	1.0000	1.0000	1.0000	1.0000

附表5 FDI与北京市就业空间结构耦合测度指标——FDI空间结构指标标准化数据

年份	D_1	D_2	D_3	D_4	D_5	D_6	D_7	D_8	D_9
2006	0.0100	0.0034	0.0100	0.0100	0.2891	0.1861	0.4911	0.1090	0.4850
2007	0.0080	0.0100	0.0583	0.0057	0.2506	0.1607	0.6089	0.1062	0.4179
2008	0.0328	0.0393	0.0368	0.0241	0.2282	0.3085	0.4496	0.1004	0.3520
2009	0.0505	0.0606	0.0943	0.0529	0.2031	0.3724	0.5167	0.1559	0.3003

年份	D_1	D_2	D_3	D_4	D_5	D_6	D_7	D_8	D_9
2010	0.0473	0.0334	0.1073	0.0641	0.2054	0.2634	0.5589	0.2087	0.3065
2011	0.0594	0.0223	0.1040	0.0580	0.4070	0.2042	0.5050	0.1474	0.5242
2012	0.1090	0.0347	0.2066	0.3265	0.3854	0.2028	0.5439	0.8753	0.4278
2013	0.1247	0.0264	0.2406	0.2613	1.0000	0.1608	0.5569	0.6064	1.0000
2014	0.1485	0.0089	0.3392	0.4250	0.1716	0.0875	0.6581	1.0000	0.1881
2015	0.3500	0.0038	1.0000	0.2252	0.0100	0.0100	1.0000	0.0100	0.0100
2016	0.3898	0.0204	0.9158	0.6371	0.1139	0.0250	0.8009	0.7162	0.0624
2017	1.0000	1.0000	0.8166	1.0000	0.2667	1.0000	0.0100	0.3047	0.0469

附表6　FDI与北京市就业空间结构耦合测度指标——就业空间结构指标标准化数据

年份	Z_1	Z_2	Z_3	Z_4	Z_5	Z_6	Z_7
2006	0.0100	0.0061	0.0100	0.0100	0.0100	1.0000	0.0100
2007	0.1161	0.1362	0.1002	0.1554	0.0520	0.8767	0.0013
2008	0.2855	0.0100	0.3132	0.3557	0.3128	0.4262	0.4304
2009	0.4006	0.0830	0.4303	0.4790	0.4269	0.3076	0.5190
2010	0.5041	0.2678	0.5077	0.5921	0.5842	0.3007	0.4286
2011	0.6531	0.5172	0.6282	0.7650	0.6894	0.2789	0.3617
2012	0.7725	0.7499	0.7382	0.8628	0.7585	0.2875	0.3835
2013	0.8669	0.8427	0.8458	0.9339	0.8219	0.2286	0.5040
2014	0.9185	0.9380	0.8937	0.9622	0.9326	0.2293	0.5124
2015	1.0000	1.0000	1.0000	1.0000	1.0000	0.1699	0.6729
2016	0.8338	0.5656	0.8955	0.8213	0.8267	0.0719	0.9110
2017	0.9204	0.6146	0.9935	0.9182	0.8098	0.0100	1.0000

年份	Z_8	Z_9	Z_{10}	Z_{11}	Z_{12}	Z_{13}	Z_{14}
2006	0.0100	0.6342	0.0100	0.0100	0.0100	0.0100	0.0100
2007	0.3114	0.1961	0.0452	0.0449	0.0386	0.0666	0.0377
2008	0.5978	0.7529	0.1322	0.1673	0.1228	0.1218	0.0686

续表

年份	Z_1	Z_2	Z_3	Z_4	Z_5	Z_6	Z_7
2009	0.7181	0.7240	0.2012	0.2406	0.1919	0.1874	0.1384
2010	0.8247	1.0000	0.2467	0.2786	0.2403	0.2415	0.1757
2011	1.0000	0.7319	0.3387	0.3577	0.3362	0.3417	0.2756
2012	0.9867	0.4629	0.4577	0.4565	0.4670	0.4539	0.3826
2013	0.9560	0.3083	0.5486	0.5312	0.5652	0.5498	0.4601
2014	0.9061	0.5853	0.6500	0.6351	0.6600	0.6654	0.5426
2015	0.8084	0.5122	0.7562	0.7686	0.7590	0.7451	0.6484
2016	0.6725	0.4921	0.8703	0.8708	0.8719	0.8752	0.7967
2017	0.7574	0.0100	1.0000	1.0000	1.0000	1.0000	1.0000